AI 디자인, 개념과 과제

인공지능총서

인공지능 시대입니다. 기계가 인간의 인지를 대신하고, 사물이 인간을 통하지 않고 다른 사물과 직접 커뮤니케이션합니다. 이에 따른 인간 삶과 문명 변화를 정확히 이해·예측·대응하는 것은 이 시대 우리 모두의 과제입니다. 인공지능총서는 인공지능 기술과 환경의 여러 주제를 10가지 키워드로 정리합니다. 관련 개념과 이론, 학계와 산업계의 쟁점, 우리 일상의 변화를 다룹니다. 인간과 기술의 현재, 미래를 세심히 분석합니다.

일러두기

- 인명, 작품명, 저서명, 개념어 등은 한글과 함께 괄호 안에 해당 국가의 원어를 병기했습니다.
- 외래어 표기는 현행 어문규정의 외래어표기법을 따랐습니다. 다만 '딥러닝', '딥마인드', '딥페이크' 등은 관행을 따랐습니다.

처음이세요?

전문가세요?

AI 디자인, 개념과 과제

박신희

대한민국, 서울, 커뮤니케이션북스, 2024

AI 디자인, 개념과 과제

지은이 박신희
펴낸이 박영률

초판 1쇄 펴낸날 2024년 10월 28일

커뮤니케이션북스(주)
출판 등록 2007년 8월 17일 제313-2007-000166호
02880 서울시 성북구 성북로 5-11
전화(02) 7474 001, 팩스(02) 736 5047
commbooks@commbooks.com
www.commbooks.com

ISBN 979-11-288-6850-4 03500

책값은 뒤표지에 표시되어 있습니다.

차례

AI 디자인, 개념과 과제

AI의 발전과 디자인의 변화

AI는 전 세계 산업 전반에 걸쳐 창의적 문제 해결의 새로운 지평을 열고 있다. AI는 컴퓨터 시스템이 인간의 지능적 작업을 모방해 데이터를 분석하고 학습하며, 그 결과를 바탕으로 문제를 해결하는 기술이다. 이러한 AI의 등장은 특히 디자인 분야에서 혁신적 변화를 일으켰다. 이는 단순한 기술 도입을 넘어 창의적 사고방식과 접근법의 근본 전환을 촉진한다. 이러한 전환은 AI가 기존의 디자인 프로세스를 보완하고, 새로운 창의적 가능성을 열어 주는 데 기여해 가능해졌다.

글로벌 리서치 회사인 그랜드뷰리서치(Grand View Research Inc.)의 새로운 보고서에 따르면, 글로벌 AI 시장 규모는 2030년까지 1조 8117억 5000만 달러에 도달할 것으로 예상되며, 이 시장은 2024년부터 2030년까지 연평균 성장률(CAGR) 36.6%를 기록할 것으로 전망된다(Grand View Research, 2024).

이러한 성장은 AI 기술이 자동차, 헬스케어, 소매, 금

융, 제조업 등 다양한 산업 분야에서 적용 범위가 확대되고 있기 때문이다. 그중에서도 주어진 데이터를 기반으로 텍스트, 이미지, 음악, 동영상 등 새로운 콘텐츠를 생성하는 생성형 인공지능(Generative AI, 이하 Gen AI)은 우리의 일상과 업무 환경에 깊이 스며들고 있다.

매킨지테크놀로지카운슬(McKinsey Technology Council)이 2024년에 발표한 설문 조사에 따르면, 전 세계 조직(Organization)의 65%가 Gen AI를 도입하고 있다. 이는 불과 10개월 전에 실행된 설문 조사보다 두 배 가까이 증가한 수치로 대다수 기업이 실질적 비즈니스 성과를 달성하고 있음을 방증한다. 이는 Gen AI가 단순한 작업 자동화를 넘어 창의적 작업에도 중요한 역할을 하고 있음을 의미한다. 예를 들어, Gen AI는 글쓰기 과정에서 아이디어를 제공하거나 예술적 개념을 구체화하는 데 도움을 주며, 기술 문제는 코딩을 지원하거나 복잡한 시스템을 모델링 또는 시뮬레이션해 해결해 준다.

이러한 측면에서 Gen AI는 반복 작업의 자동화를 넘어 창의적 작업에 새로운 활력을 불어넣는 중요한 도구로 자리 잡고 있다.

결론적으로, 급변하는 시대에 적응하기 위해 디자인 교육과 실무에서 AI에 열린 자세를 갖추는 것이 필수다.

기존의 디자인 도구를 학습하고 활용하는 것뿐만 아니라, 새롭게 도입되는 AI 관련 도구와 다학제적 지식을 습득해 인간 중심의 디자인 관점에서 AI와의 연계를 모색하는 것이 필요하다.

새로운 디자인의 등장

AI의 출현은 디자인 분야에 상당한 영향을 미치고 있으며 이에 따른 새로운 접근 방식의 등장은 디자인 전문가들에게 새로운 도전과 기회를 제공한다. 이 책의 1장에서는 AI와 디자인의 핵심 개념을 다루고 있다. 디자인의 사전적 정의는 바뀌지 않았지만, AI 기술의 도입은 디자인의 개념과 접근 방식을 확장하고 있다. 기존의 디자인은 창의적 활동, 문제 해결, 인간 중심의 개념을 중심으로 이루어졌지만, AI는 여기에 데이터 기반 접근, 효율성 증대, 예측 가능성 등의 요소를 추가하고 있다.

구글(Google)은 2022년 딥러닝(Deep Learning) 기반 AI 드림퓨전(DreamFusion)으로 이미지 생성의 새로운 가능성을 열었다. 이 기술은 단순한 이미지 편집을 넘어 구글, 3D 데이터 세트(Data Set) 없이 3D 이미지를 생성하는 AI 모델로, 2021년 구글이 공개한 3D 이미지 생성 AI 모델인 '드림 필드(Dream Fields)'의 후속 모델이다.

어도비(Adobe)는 2023년 3월, 그림 생성형 AI인 어도비 파이어플라이(Adobe Firefly)를 발표했고, 같은 해 5월에는 포토숍(Photoshop)에 파이어플라이를 기반으로 한 '제너레이티브 필(Generative Fill)' 기능을 추가했다. 이 기능은 기존의 '내용 인식 채우기(Content-Aware Fill)'를 완전히 대체할 만큼 뛰어난 성능을 자랑하며, 특정 사물을 자연스럽게 지우거나, 프롬프트(Prompt)를 입력해 이미지의 분위기에 맞춰 새로운 사물을 자연스럽게 추가할 수 있다. 또한 이미지 확장에도 효과적으로 사용할 수 있다.

제너레이티브 디자인(Generative Design)은 AI를 활용한 또 다른 혁신적인 접근 방식이다. 이는 디자이너가 설정한 특정 조건과 제약을 바탕으로 AI가 여러 가지 디자인 옵션을 생성하고, 사용자가 이를 바탕으로 최적의 디자인을 선택하는 방식이다.

2023년과 2024년에 대한 제너레이티브 디자인 시장 규모의 통계는 모르도르 인텔리전스 인더스트리 레포트(Mordor Intelligence™ Industry Reports)에서 제공된 데이터에 기반을 둔다. 이 자료에 따르면, 제너레이티브 디자인 시장은 2024년에 약 38억 1000만 달러, 2029년까지 78억 달러에 도달할 것으로 예상된다. 2024년부터

2029년까지 연평균성장률(CAGR)이 15.41%에 이를 것으로 예측된다는 점에서, 제너레이티브 디자인의 시장이 빠르게 성장하고 있음을 보여 준다. 제너레이티브 디자인은 다양한 산업 분야에서 효율성을 높이고, 창의적인 디자인 솔루션을 제공한다. 특히 자동차, 항공우주, 건축이나 제조업 분야에서 경량화, 비용 절감, 최적화된 솔루션 제공에 중요한 역할을 하고 있다. 예를 들어, 전동 휠체어 제작 기업인 휠(WHILL)은 경량화를 주목적으로 오토데스크(Autodesk)의 제너레이티브 디자인을 사용했다. 도요타(Toyota)는 제너레이티브 디자인으로 다리를 뻗는 공간을 더 넓게 만드는 얇은 시트 프레임을 제작했으며, 비엠더블유(BMW) 또한 제너레이티브 디자인의 사용을 가속화하고 있다.

도요타 자동차의 비전 디자인 부문 인테리어 디자인 부서의 프로젝트 매니저 오모리 신스케(Shinsuke Omori)는 제너레이티브 디자인의 도입에 대해 "디자이너가 생각하지 못한 다양한 패턴의 형태를 지켜보는 것은 즐거운 일"이라며 "이 작업은 항상 매력적이다. 작은 차이가 완전히 다른 형태를 만들어 내는 것을 보면 놀랍고 즐겁다. 이 점이 제너레이티브 디자인의 장점 중 하나라고 생각한다"고 말했다. 그러나 이러한 경량 제품을 만들려면 관련 분야와 재료의 지식도 필요하다. 그렇기 때문에 디자인 팀은 완성도 있는 제품 개발을 위해 사내의 기술자들은 물론, 외부에 있는 다양한 이해관계자들과 원활히 협업해야 한다. 이처럼 AI 기술의 발전과 디자인 프로세스로의 실질적 도입은 디자인의 개념과 접근 방식을 근본적으로 변화시키며 확장하고 있다. 이러한 변화는 2장 'AI 디자인 프로세스', 3장 '제너레이티브 디자인', 4장 '이미지 생성 디자인'에서 자세히 다룬다.

AI 기반 사회의 도래

한국 디자인의 역사는 경제 발전과 함께 시작되었다. 특히 1960년대와 1970년대는 산업화와 경제 개발을 목표로 한 정부 주도의 디자인 정책이 강조된 시기였다. 이러한 배경 속에서 디자인의 실용성과 사회적 가치가 중시되었다. 1980년대와 1990년대에는 IT 산업의 발전과 함께 디지털 디자인의 중요성이 커졌다. 컴퓨터 그래픽스는 1980년대부터 디자인 분야에 영향을 미치기 시작했으며, 1990년대에는 월드와이드웹(World Wide Web)의 등장과 함께 웹 디자인이 새롭게 부상했다. 이에 따라 디자인의 범위가 전통적 그래픽 디자인에서 디지털 미디어로 확장되었고 본격적으로 2000년대에 스마트폰이

보급되면서 모바일 디자인의 중요성이 크게 부각했다. 특히 2007년 미국 애플의 아이폰과 같은 스마트폰 등장으로 모바일 환경의 사용자 경험(UX, User eXperience)과 인터페이스(UI, User Interface) 디자인이 중요해졌는데, 이는 디자인의 범위를 더욱 확장하는 계기가 되었다. 이러한 변화는 기술 발전과 사용자 요구의 변화에 따른 자연스러운 흐름이며, 디자인 산업의 발전과 밀접한 관련이 있다. 현대에 들어서면서 AI 기술의 도입은 디자인 분야에 또 다른 혁신을 가져오고 있다. 이로 인해 사용자 경험이 더욱 개인화하고 문제 해결의 효율성이 높아졌다. 이러한 변화는 인간 중심 디자인에도 큰 영향을 미치고 있다. 이 책에서는 이러한 변화를 5장 'AI와 경험 디자인', 6장 'AI와 디자인 싱킹 프로세스', 7장 'AI와 소셜미디어 플랫폼'에서 다뤄 실용적인 통찰을 제공한다.

디자인은 진화하는 사회에서 대중의 요구를 반영하며 지속적으로 발전해 왔고, 현재의 AI 기반 사회에서도 이러한 흐름은 계속되고 있다. AI 기술의 도입은 디자인의 개념과 창의적 사고방식, 접근법을 근본적으로 변화시키고 있다. 디자이너들은 이제 데이터와 알고리즘을 활용해 보다 효율적이고 혁신적인 디자인 솔루션을 제시할 수 있게 되었다. 이러한 변화는 디자인 교육에도 영향을 미치고 있다. AI 시대의 디자인 교육에서는 AI와 관련한 도구와 기술을 가르치는 것이 중요하다. 학생들은 데이터 분석, 프로그래밍, AI 도구 사용 능력을 갖추어야 하며, 이러한 기술을 창의적으로 활용해 혁신적인 디자인 솔루션을 개발할 수 있어야 한다. 또한 다학제적 접근으로 다양한 분야의 지식을 융합하는 능력도 필요하다. 8장 'AI 시대의 디자인 '교수법"에서 이와 관련한 부분들을 생각해 본다.

AI 디자인의 미래 기반

AI와 사회적 디자인, 그리고 AI와 디자인의 미래를 다루는 9장과 10장은 AI가 사회 문제 해결과 미래 디자이너의 역할에 미치는 영향을 조명한다. AI는 사회 이슈를 분석하고, 효율적 해결책을 제시해 사회적 디자인 발전에 기여한다. 미래의 디자이너들은 AI와 협력해 데이터 기반의 전략적 결정을 내릴 수 있게 될 것이다. 이러한 접근은 디자인의 미래를 더욱 효과적이고 혁신적으로 변화시킬 수 있다. 디자이너들은 데이터와 알고리즘을 활용해 보다 효율적이고 혁신적인 디자인 솔루션을 제시할 수 있어야 한다. 이는 실무 이전의 디자인 교육에도 반영되어야 한다.

AI와 디자인의 융합은 미래 디자인의 핵심이 될 것이다. 로베르토 베르간티(Roberto Verganti)는 "Innovation and Design in the Age of Artificial Intelligence(인공지능 시대의 혁신과 디자인)"라는 논문에서 AI가 디자인의 기본 원칙을 강화하면서도, 문제 해결 작업을 자동화하고, 디자인의 실행 방식을 근본적으로 변화시켜 디자이너들이 사용자 중심의 솔루션을 도출하는 데 기여할 수 있다고 설명한다.

이러한 통찰은 AI와 협력하는 디자인의 미래를 긍정적으로 바라보게 한다. 하지만 그럼에도 AI가 디자인 과정에 도입되면서 발생할 수 있는 결과물의 편향이나 차별적 윤리 문제 등 우려의 시각 또한 상당하다. 개인의 프라이버시 침해와 같은 부작용, AI 시스템의 설계와 운영에서 발생하는 문제의 책임 소재, AI 시스템의 투명성과 설명 가능성 등 우려의 목소리도 있다. 이러한 부정적인 부분을 해소하기 위해서는 데이터 조작 방지나 데이터 주체의 프라이버시 보호와 관련한 강력한 규제 환경, AI 시스템의 신뢰성과 공정성을 높이기 위한 공공 교육, 투명한 목적과 설명이 가능한 책임 있는 AI 거버넌스(Governance), 검증 가능성과 점진적 배포, 무엇보다 사람들이 AI의 결과를 쉽게 이해하고 받아들일 수 있도록 사람 친화적인 의미화가 가능한 AI 시스템 구축이 필요하다.

이 책에서는 AI와 디자인의 혁신적 융합을 탐구함에 있어서 AI의 개념과 역사, AI와 디자인과의 접목, 문제 해결, 응용까지 폭넓은 내용을 다룬다. 필자는 다년간의 실무 경험과 연구, 강의를 바탕으로 AI와 디자인의 상호 작용이 어떻게 현장에서 효과적으로 적용될 수 있는지 실질적 방안을 제시한다.

이 책이 다가올 미래에 진화하는 디자인의 개념과 교육, 실무에 대한 통찰을 제공하길 기대해 본다.

이 책의 구성

이 책은 AI와 디자인의 융합이 어떻게 창의적 문제 해결을 혁신하는지 탐구할 뿐만 아니라, AI의 역사와 개념부터 실제 디자인 문제 해결 응용까지, 디자인 분야와 AI의 협력 방안을 제시한다. 어떻게 하면 AI와 디자인의 융합이 현장에 효과적으로 적용될 수 있을지, 방안을 필자의 실질 경험과 통찰로 정리했다.

AI와 디자인의 핵심 개념(1장), AI 디자인 프로세스(2장), 제너레이티브 디자인(3장), 이미지 생성 디자인(4장), AI와 경험 디자인(5장), AI와 디자인 싱킹 프로세스

(6장), AI와 소셜미디어 플랫폼(7장), AI 시대의 디자인 '교수법'(8장), AI와 사회적 디자인(9장), AI와 디자인의 미래(10장)는 모두 저자의 실제 경험을 기반으로 기술했다고 해도 과언이 아니다. AI는 인간을 모방할 뿐 창의적 부분까지는 재현할 수 없다고 알려져 있지만, 최근 들어 디자인, 영상, 음악, 문학과 같은 창의력이 필요한 영역에서 AI를 활용하는 움직임이 확산하고 있다. 하지만 주목할 부분은 AI를 실제 디자인 교육 현장에서 어떠한 방법으로 적용할 수 있는지다. AI 기술을 디자인 분야에 어떻게 융합해 완성도 높은 결과물을 도출할 수 있을지와 같은 고민은 실무에 있는 사람이라면 누구나 할 것이다.

AI와 디자인의 핵심 개념(1장)과 AI 디자인 프로세스(2장)는 AI와 디자인의 상호작용을 이해하는 기초를 제공한다. 이 두 장은 AI의 개념적 배경과 디자인의 적용 방법을 정리해, 독자가 AI의 가능성과 한계를 파악할 수 있게 돕는 역할을 한다.

그 후의 장들, 즉 제너레이티브 디자인(3장)부터 AI와 디자인의 미래(10장)까지는 필자가 실무와 연구, 교육을 통해 쌓아온 총체적 경험을 기반으로 한 내용이다. 여기서는 AI가 실제 디자인 작업에서 어떻게 활용되고 있는지, 그리고 그 과정에서 발생하는 다양한 이슈와 사례,

고민과 해결을 다루고 있다. 구체적으로 제너레이티브 디자인과 이미지 생성 디자인은 AI를 활용한 디자인의 혁신적 접근 방식을 설명하며, AI와 경험 디자인과 디자인 싱킹 프로세스에서는 AI가 사용자 경험을 어떻게 변화시키는지 실용적 통찰을 중점적으로 제공한다. 또한 AI와 소셜미디어 플랫폼에서는 소셜미디어 디자인에서 AI의 역할을 분석하고, AI 시대의 디자인 교수법에서는 교육적 측면에서 AI를 어떻게 효과적으로 적용할 수 있는지 논의한다. 마지막으로 AI와 사회적 디자인, AI와 디자인의 미래는 AI가 사회 문제 해결과 디자인 경영에 어떻게 기여할 수 있는지를 조명한다.

이 책은 디자인을 공부하는 학생, 실무진, 일반인들 모두에게 AI와 디자인의 통합적 접근을 이해하는 데 길잡이가 될 것이다. AI의 기술적 진보와 함께 디자인의 창의성, 인간 중심의 접근을 어떻게 균형 있게 유지할 수 있는지를 탐구하며, 실무와 교육의 현장에서 적용 가능한 실질적 지침을 제공한다.

이 책이 제공하는 통찰과 지식이 AI 시대 디자인의 미래를 준비하는 데 큰 도움이 되길 기대한다.

참고문헌

AI타임스(2022). 구글, 3D 데이터 세트 없이 3D 이미지 생성하는 AI 모델 공개.
https://www.aitimes.com/news/articleView.html?idxno=12345

Adobe Blog(2022). Adobe Firefly: AI-driven design tool.
https://blog.adobe.com/en/publish/2022/08/15/adobe-firefly-ai-driven-design-tool

Autodesk(2023). BMW leverages generative design for electric vehicles.
https://www.autodesk.com/newsroom/generative-design-bmw-electric-vehicles

Floridi, L., et al.(2021). *How to design AI for social good: Seven essential factors.* Science and Engineering Ethics, 27(1), pp. 1771-1796.
https://doi.org/10.1007/s11948-020-00213-5

Google Creates 'Dreamfusion' AI Tool That Produces Great 3D Models From Text.(2022). DesignTAXI.
https://www.designtaxi.com/news/420208/Google-Creates-Dreamfusion-AI-Tool-That-Produces-Great-3D-Models-From-Text/

Grand View Research, Inc.(2024). *Artificial Intelligence Market Size, Share & Trends Analysis Report By Solution*, By Technology (Deep Learning, Machine Learning, NLP, Machine Vision, Generative AI), By Function, By End-use, By Region, And Segment Forecasts, 2024 - 2030(Report No. GVR-1-68038-955-5). Grand View Research, Inc.

McKinsey & Company(2023). How generative AI can help you

get unstuck. McKinsey & Company. https://www.mckinsey.com/featured-insights/mckinsey-guide-to-getting-unstuck/how-generative-ai-can-help-you-get-unstuck

Mordor Intelligence(2023). Generative Design Market Size and Forecast(2023-2028). https://www.mordorintelligence.com/industry-reports/generative-design-market

Shreya, H. R., & Kumar, T.(2024). *Impact of artificial intelligence tools and text-to-3D model generators on interior design.* Springer. pp. 465-478.

Verganti, R., et al.(2020). Innovation and design in the age of artificial intelligence. Journal of Product Innovation Management, 37(3), pp.212-227. https://doi.org/10.1111/jpim.12523

01
AI와 디자인의 핵심 개념

AI와 디자인의 융합은 디자인 프로세스와 디지털 시대의 환경을 변화시키는 데 중요한 역할을 한다. AI 시대의 디자이너를 포함한 다수의 이해관계자들은 이에 필요한 콘텐츠와 사회 관계망을 준비해야 하며, 기술의 효과성 검증과 향후 도전 과제 해결을 위한 융합 연구를 해야 한다. 이를 통해 유연하고 혁신적인 디자인 환경을 조성할 수 있다.

AI와 1인 창업?

AI와 디자인의 역사적 배경

디자인은 미적, 기능적, 감각적, 감성적 요소가 결합된 복합 분야로, 단일한 관점으로 정의하기 어렵다. 단순히 미적 가치나 구매와 재생산의 필요성으로만 설명할 수 없는 이유는, 디자인이 궁극적으로 변화하는 사회문화적 패러다임과, 인간의 경험이나 요구를 중심에 두고 발전해 왔고 앞으로도 그럴 것이기 때문이다.

AI와 디자인의 융합 또한 최근의 트렌드가 아니다. 그 뿌리는 컴퓨터 과학과 디자인 연구가 시작된 시기로 거슬러 올라간다. 1960년대와 1970년대에 이루어진 AI 연구는 알고리즘 개발을 통해 디자인 문제를 해결하려고 했다. 이와 관련해 가장 주목할 만한 예는 이반 서덜랜드(Ivan Sutherland)의 '스케치패드(Sketchpad)' 시스템이다. AI와 디자인의 융합 역사와 그 의미를 이해하기 위해 초기의 컴퓨터 그래픽 도구이자 현대 디자인 소프트웨어의 기초를 마련한 스케치패드의 기능과 제너레이티브 디자인 시스템 간의 연관성을 살펴보자. 1963년에 개발된 스케치패드는 컴퓨터 그래픽 디자인의 핵심 개념을 도입한 혁신적 도구로, 디지털 도구가 디자인 프로세스에 미칠 수 있는 잠재력을 보여 주었다(Sutherland, 1963). 비록 스케치패드가 AI라는 용어가 사용되기 이전의 기술이지만, 그 혁신적 개념과 기능은 AI가 창의적 과정에서 어떻게 활용될 수 있는지를 보여 줘 창의적 작업을 위한 기초를 마련하는 데 중요한 역할을 했다.

스케치패드는 사용자가 직접 그래픽을 그릴 수 있는 인터랙티브 환경을 제공했으며, AI 시스템이 창의적 디자인 작업에서 어떻게 활용될 수 있는지 초기 가능성을 제시했다. 구체적으로, 스케치패드는 도형을 객체로 취급하고 이들 객체 간의 관계를 정의하는데, 이 객체 지향적 접근은 AI의 디자인 알고리즘에서도 사용된다. 예를 들어, 제너레이티브 디자인 시스템(Generative Design System)은 실제로 각 디자인 요소를 독립적인 객체로 모델링하고, 이 객체들이 갖는 속성이나 관계를 분석해 다양한 디자인 옵션을 자동으로 생성한다(Goodfellow et al., 2016). 이 시스템은 복잡한 형태와 구조를 탐색하고 구현하는 데 전통적 디자인 방법보다 더 유연하고 강력한 도구로 평가받는다.

스케치패드는 그래픽 사용자 인터페이스(GUI)에서 AI 시스템이 사용자와 협업하는 방식을 이해하는 데에도 중요한 통찰을 제공했다. AI 도구들은 이러한 상호작용적 접근으로 사용자가 창의적 작업을 더욱 효과적으로 수행할 수 있게 지원한다.

스케치패드의 이러한 기능은 AI의 여러 가지 핵심 원리를 잘 보여 준다. 도면 저장 및 업데이트 기능은 데이터 관리와 자동화 기술의 원리를 반영하며, 과학적 이해를 위한 도면 기능은 패턴 인식과 관계 분석의 역할을 한다. 또한 회로 시뮬레이션과의 호환성은 정확한 데이터 처리와 시뮬레이션 원칙과 연결되며, 반복적인 도면 작성 기능은 반복 학습과 재사용 가능한 모델 구축 방식을 연상시킨다. 이러한 특성들은 디자인, 분석, 데이터 관리 분야에서 AI의 응용 기초를 제공한다.

AI는 크게 약한 인공지능(weak AI, Weak artificial intelligence)과 강한 인공지능(AGI, Artificial General Intelligence)으로 나뉜다.

현재 우리가 사용하는 AI는 '약한 인공지능'으로, '인공협소지능(ANI, Artificial Narrow Intelligence)', 좁은 인공지능(Narrow AI)으로도 불린다. 이러한 AI는 특정 업무나 기능에 한정된 능력을 가지고 있다.

오픈AI(OpenAI)의 GPT-4는 사람과 유사하게 텍스트를 생성하는 놀라운 성과를 보여 주었지만, 학습한 데이터와 규칙을 벗어난 환경에서는 오작동하거나 전혀 다른 결과를 도출할 수 있다. 예를 들어, AI 기반의 이미지 인식 프로그램은 수천 장의 고양이 사진을 학습해 고양

이를 정확하게 인식할 수 있지만, 학습하지 않은 새로운 종류의 동물이나 고양이와 비슷하지만 다른 생물을 보여 주면, 그 이미지를 제대로 인식하지 못하기도 한다. 이러한 이유로, 현재의 AI는 특정 작업에 특화된 도구로서 기능할 뿐, 일반적 상황에 대한 이해나 다양한 문제 해결에는 한계가 있다.

반면 '강한 인공지능'은 이론적 개념으로, 모든 종류의 문제를 해결할 수 있는 AI를 의미한다. 이는 인간의 지능과 비슷하거나 이를 초월하는 수준의 능력을 가지며, 자율적으로 학습하고 진화할 수 있는 시스템이다(Russell & Norvig, 2020). '강한 인공지능'은 현재 연구 단계에 있으며, '일반인공지능'이라고도 불린다.

엔비디아(NVIDIA)의 최고경영자(CEO) 젠슨 황(Jensen Huang)은 향후 4년 이내에 강(强)인공지능으로 분류되는 '일반인공지능(AGI)'이 등장할 것으로 전망했다. AGI는 복잡한 문제 해결, 학습, 추론, 자연어 이해와 생성 등 다방면에서 인간과 유사한 능력을 지닐 것으로 기대된다.

'강한 인공지능'은 종종 영화 〈터미네이터〉의 스카이넷과 같은 시스템으로 묘사되며, 인간과 상호작용하고 자아 인식과 결단력 등을 가질 수 있는 것으로 그려지곤

한다.

더 나아가 먼 미래에는 인간의 이해와 통제를 넘어서는 지능을 지닌 '인공 초지능(ASI, Artificial Super Intelligence)'의 등장이 예상된다. 이러한 AI가 현실이 되면 인류의 미래는 상상하기 어려울 정도로 변할 것이다(Tegmark, 2017).

현재의 AI는 강력한 조력자가 될 수 있지만, 논리적 분석이나 명확한 증거 없이도 사용자의 요구를 진정으로 이해하는 데 필요한 인간의 직관(Intuition), 다른 사람의 감정이나 상황을 이해하고 공유하는 능력인 공감(Empathy), 특정 분야에 대한 깊은 이해와 경험을 의미하는 도메인 전문 지식(Domain expertise)이 부족하다(Dignum, 2019).

이 세 가지 요소는 AI가 쉽게 따라잡기 어려운 인간 고유의 강점으로, 특히 디자인 프로세스와 복잡한 문제 해결에서 중요한 역할을 한다. AI 도구는 데이터 분석과 패턴 발견에 유용하지만, 사용자 행동의 "이유"를 파악하는 것은 인간의 해석에 의존한다. 따라서 기업과 디자이너뿐만 아니라 디자인 전공 학생들도 AI 도입을 위한 책임 있는 설계, 투명성, 윤리적 가이드라인을 바탕으로 인간과 AI 간 협업 방안을 고민해야 한다.

AI 관련 용어와 사례

AI와 디자인의 상호작용을 이해하기 위해 AI의 주요 용어와 개념 몇 가지를 살펴보자.

머신러닝(Machine Learning)은 AI의 핵심 구성 요소로, 데이터를 기반으로 학습해 주어진 문제를 해결하는 알고리즘을 개발하는 기술이다. 주요 유형으로는 지도 학습(Supervised Learning), 비지도 학습(Unsupervised Learning), 강화 학습(Reinforcement Learning)이 있다(Hastie et al., 2009).

지도 학습(Supervised Learning)은 라벨이 부여된 데이터 세트(Data Set)를 이용해 모델을 학습시키는 방법이다. 여기서 라벨이 있는 데이터 세트란, 각각의 데이터 항목에 정답(해당 항목이 무엇인지에 대한 정보)이 명시된 데이터를 의미한다. 지도 학습은 이메일 스팸 필터링, 이미지 인식, 음성 인식 등에서 널리 사용된다. 예를 들어, 이메일 데이터에 '스팸' 또는 '일반 메일'이라는 라벨을 부여해 모델을 학습시키고, 새로운 이메일이 주어졌을 때 이 이메일이 스팸인지 일반 메일인지 예측하게 학습시키는 것을 지도 학습이라고 한다. 이 과정에서 학습된 모델은 정답이 명시된 데이터를 바탕으로 새로운 데이터의 예측을 수행한다.

비지도 학습(Unsupervised Learning)은 라벨이 없는 데이터로 데이터의 구조나 패턴을 발견하는 머신러닝 방법이다. 여기서 라벨이 없는 데이터 세트란, 각 데이터 항목에 정답이 명시되지 않은 데이터를 의미하는 것이다. 예를 들어, 고객 구매 데이터를 사용하고자 할 때, 각 고객이 어떤 군집에 속하는지(고객 세분화) 라벨이 없는 상태다(Hastie et al., 2009). 그렇기 때문에 고객의 구매 기록이나 사용자 로고 데이터를 수집하고 그것으로 머신러닝 모델을 학습시킨다. 이 과정에서 학습한 모델은 데이터 내에서 유사한 항목들을 그룹으로 묶거나, 데이터의 차원을 축소해 시각화하는 등 데이터 내 패턴과 구조를 스스로 발견한다.

강화 학습(Reinforcement Learning)은 어떤 주체가 주어진 환경에서 다양한 행동을 시도하며, 그 행동의 결과로 얻는 보상을 바탕으로 다음 행동을 결정하는 학습 방법이다(Mnih et al., 2015). 예를 들어, 로봇 청소기가 장애물을 경험하고 일정 시간이 지나 그 장애물을 피해서 효율적인 경로를 찾아내는 학습 과정도 강화 학습의 사례이지만, 가장 대표적인 예는 구글 딥마인드(DeepMind)가 개발한 인공지능 바둑 프로그램 알파고(AlphaGo)다. 2016년 이세돌 9단과 대국한 알파고는 12

개의 신경망 계층을 활용해 지도 학습과 강화 학습을 병행하며 가장 합리적인 수를 도출했다. 이후 2017년, 당시 바둑 세계 랭킹 1위 프로 기사였던 커제(柯洁) 9단과 대국한 알파고 마스터는 신경망 계층을 40개로 늘리고, 지도 학습 없이 강화 학습만으로 기력을 향상하는 진화를 보여 주었다.

딥러닝(Deep Learning)은 머신러닝의 한 분야로, 인공 신경망(ANN, Artificial Neural Networks)과 다층 신경망(DNN, Deep Neural Networks)을 사용해 방대하고 복잡한 데이터를 학습하고 패턴과 특징을 찾아내는 기술이다(Goodfellow et al., 2016). 주요 응용 분야는 이미지 인식, 음성인식, 자연어 처리(NLP, Natural Language Processing) 등이다.

알고리즘적 사고(Algorithmic Thinking)는 문제를 해결하기 위해 문제를 명확히 정의하고, 문제 해결의 과정을 단계별로 구조화하며, 그 과정을 자동화할 수 있는 알고리즘을 구현하는 사고방식이다. 이 접근법은 복잡한 문제를 구조화하고 해결하는 데 도움을 준다(Russell & Norvig, 2020). 예를 들어, 사용자 인터페이스(UI) 디자인에서는 사용자 행동 데이터를 분석해 최적의 인터페이스 레이아웃을 도출하는 알고리즘을 설계할 수 있다.

실제 디자인 수업에서 피그마(Figma)의 자동화 기능을 활용해 결과물을 도출하기도 한다. 학생들은 이 도구의 다양한 자동화 기능을 활용해 반복적인 레이아웃 설정과 스타일 등에 적용했고, 더 많은 시간을 창의적인 디자인 작업에 투자할 수 있었다. 예를 들어, UI 요소들을 개별적으로 디자인하고 이를 '컴포넌트'로 만들어 동일한 요소를 여러 곳에서 재사용해 작업 효율성을 높였으며, 텍스트 스타일, 색상 팔레트, 그리드 시스템 등 디자인의 기본 스타일을 미리 정의해 전체 디자인의 일관성을 유지했다. 이 경험으로 학생들은 알고리즘적 사고가 디자인 작업의 효율성을 크게 높일 수 있음을 직접 체감했다.

피그마의 연례 디자인 콘퍼런스인 'Config 2024'가 샌프란시스코의 모스코니센터(Moscone Center)에서 6월 26일부터 이틀간 개최되었다. 주요 발표 중 하나는 새로운 피그마에디터인 UI3에 AI 기능을 통합한 것이다. 이 기능들은 이미지 생성, 배경 제거, 텍스트 재작성 및 상호작용 프로토타이핑 도구를 포함하며, 디자인 과정을 간소화하고 효율성을 높이는 것을 목표로 한다.

AI와 디자인의 융합 연구는 다양한 잠재력을 지니고 있다. 이러한 기술은 디자인의 창의성과 효율성을 동시에 높일 수 있는 강력한 도구임은 분명하다. 그러나 이러한 융합에는 고려해야 할 몇 가지 도전 과제도 존재한다. 첫째, AI 기술의 도입에서 초기 비용과 학습 곡선이 높을 수 있으며, 이는 작은 조직이나 중소기업(SME, Small and Medium-sized Enterprises)의 운영에 부담이 될 수 있다. 이러한 경우, 오픈소스 소프트웨어와 클라우드 기반 솔루션을 활용하는 방안을 고려하는 것이 좋다. 둘째, AI 알고리즘의 결정 과정을 이해하고 투명하게 하는 것이 중요하다. 이는 윤리 측면에서 중요한 문제로, AI가 생성한 결과물의 신뢰성을 높이는 데 기여한다.

AI와 디자인의 융합은 현재와 미래의 디자인 프로세스를 혁신하는 데 중요한 역할을 할 것이다. 지속적인 연구와 개발로 AI 기술을 디자인 분야에 효과적으로 통합해야 하며, 이를 통해 더욱 창의적이고 효율적인 디자인 환경을 조성해야 한다.

참고문헌

Dignum, V.(2019). Responsible artificial intelligence: How to develop and use AI in a responsible way [electronic resource]. Springer. https://doi.org/10.1007/978-3-030-30371-6

Figma(2024). What's new from Config 2024 - Figma Learn - Help Center. Retrieved from https://help.figma.com.

Goodfellow, I., et al.(2016). *Deep Learning.* MIT Press.

Hastie, T., et al.(2009). *The Elements of Statistical Learning: Data Mining, Inference, and Prediction (2nd ed.).* Springer.

Mnih, V., et al.(2015). "Human-level control through deep reinforcement learning." Nature.

Russell, S., & Norvig, P.(2020). *Artificial Intelligence: A Modern Approach(4th ed.).* Pearson.

Sutherland, I. E.(1963). *Sketchpad: A Man-Machine Graphical Communication System.* MIT Lincoln Laboratory.

Tegmark, M.(2017). Life 3.0: *Being human in the age of artificial intelligence.* New York, NY: Alfred A. Knopf.

02
AI 디자인 프로세스

여기서 말하는 AI 디자인 프로세스는 인공지능 기술을 활용해 디자인 문제를 혁신적으로 해결하는 체계적 접근 방식이다. 이 과정에서 디자이너와 AI는 긴밀히 협력해 각 단계의 디자인 효율성과 창의성을 극대화한다. 이러한 협업은 기술적 분석과 창의적 문제 해결을 융합해 새로운 디자인 가능성을 열어 준다.

AI와 MBTI?

인간 중심 디자인의 AI 디자인 프로세스

디자인 프로세스는 프로젝트의 시작부터 최종 결과물의 완성, 그리고 그것이 사용자와 소통하며 관리되는 전 과정을 포괄하는 청사진이다. 이 과정은 디자이너뿐만 아니라 다양한 이해관계자들이 각기 다른 관점에서 아이디어를 공유하고 문제를 해결하는 협력의 장이 되며, 궁극적으로 사용자의 긍정적 경험을 창출하는 데 기여한다. 또한 이러한 프로세스로 기업은 지속적인 성공을 위해 필수인 경험과 지식을 축적하게 된다.

사용자 중심 디자인(UCD, User-Centered Design)은 디자인 프로세스의 근간으로, 사용자의 요구와 특성을 중심에 두고 제품이나 서비스를 개발하는 접근 방식이다(Norman & Draper, 1986).

사용자 중심 디자인은 크게 두 가지 핵심 요소를 강조한다. 첫째, 인간의 보편적인 신체적, 인지적 특성을 이해하는 것이다. 이를 위해 인간공학, 인지공학, 인지심리학 등 학문적 지식이 필요하다. 둘째, 소프트웨어를 실제로 사용할 핵심 사용자 집단의 특성이나 요구를 파악하는 것이다. 이를 위해 다양한 사용자 조사 방법과 참여 디자인(Participatory Design) 접근법이 활용된다.

반면 여기서 언급하는 인간 중심 디자인(HCD,

Human-Centered Design)은 사용자 중심 디자인과는 구별되며, 인간의 보편적 특성에 대한 깊이 있는 이해를 더욱 강조한다. 제프 래스킨(Jeff Raskin)은 저서 『휴먼 인터페이스(The Humane Interface)』에서 인간 보편적 특성의 이해가 중요함에도, 사용자 중심 접근법에서 간과되는 경우가 있음을 지적하며 인간 중심 디자인이라는 용어를 강조했다. 그는 인간의 인지적 특성을 깊이 이해하는 것이 디자이너의 시행착오를 줄이고 창의력을 증대하는 데 필수라고 주장한다(Raskin, 2000).

이는 타깃 사용자 집단을 이해하려는 노력만큼이나 인간 보편적 특성을 이해하고 설계에 반영하려는 노력이 중요하다는 것을 시사한다.

비슷한 맥락에서 도널드 노먼(Donald Norman)도 저서 『도널드 노먼의 디자인과 인간 심리(The Design of Everyday Things)』에서 인간 중심 디자인의 중요성을 강조했다. 그는 사용자의 요구를 반영하는 것이 제품의 사용성을 높이는 데 핵심이라고 주장하며, 이 원칙이 AI 디자인 프로세스에서도 중요한 역할을 한다고 언급했다(Norman, 2013).

이와 더불어 ISO 9241-210은 인간 중심 디자인의 국제 표준으로, 사용자 요구 분석, 디자인 솔루션의 반복적 개발, 사용성 평가 등을 통해 시스템의 유용성과 효율성을 향상하는 데 초점을 둔다(International Organization for Standardization, 2010).

이처럼 인간 중심 디자인은 인간의 보편적 특성에 대한 깊이 있는 이해와 사용자 중심의 요구 분석을 적절히 결합해, 보다 직관적이고 인간 친화적인 프로세스를 구현해야 한다. 이러한 접근 방식은 AI 기술이 적용되는 모든 영역에서 그 중요성이 더욱 부각할 것이다.

AI 디자인 프로세스에서 공감

디자인 프로세스에서 공감(empathize)은 문제를 정의하는 데 특히 중요한 역할을 한다. 사용자의 요구와 경험을 깊이 이해하기 위해 공감적 설계는 사용자와의 직접 인터뷰, 관찰과 연구, 사용자 페르소나(persona) 개발, 사용자 여정 지도(journey mapping) 등을 활용한다. 공감적 설계는 AI 기술이 등장하기 전에도 사용자의 진정한 요구와 경험을 깊이 이해하고, 이를 기반으로 제품과 서비스를 혁신하는 데 중요한 요소였다. 그러나 공감 능력은 주관적이고 복잡한 과정으로, 디자이너의 개인 능력에 크게 의존한다. 이를 보완하기 위해 AI 기술을 활용한 인공 공감 시스템을 제안한 연구도 있다. 주와 루오

(Zhu & Luo, 2023)의 연구는 AI가 사용자의 감정과 요구를 이해하고, 개선 아이디어를 제안하는 공감적 설계의 필요성을 강조한다. 그들 연구에 따르면, AI는 감정 인식, 인지적 공감 메커니즘, 상상력을 통해 사용자 경험을 향상할 수 있다. 구체적으로, AI는 리뷰나 소셜미디어 게시물을 분석해 사용자가 느끼는 감정을 파악할 수 있다. 또한 사람의 얼굴 표정, 음성 톤, 텍스트 등 다양한 데이터를 분석하거나 인지적 공감 메커니즘으로 사용자의 상황을 분석해 그들이 왜 특정 감정을 느끼는지 이해할 수 있다.

상상력 측면에서 AI는 현재 상황을 개선할 수 있는 새로운 아이디어를 제시할 수 있다. 예를 들어, 사용자가 시끄러운 환경에서 음악을 듣고 불편함을 토로하는 피드백을 남긴다면, AI는 소음을 차단하는 노이즈 캔슬링 기능을 제품에 추가하는 아이디어를 제안할 수 있다. 만약 사용자가 화장실에서 거울을 사용할 때 조명이 부족하다고 불평하면 자연광을 모방한 조명을 통합한 거울을 디자인하는 방안을 상상할 수 있다.

주와 루오의 연구는 AI가 사용자 경험을 향상하는 데 공감적 설계가 얼마나 중요한지를 잘 보여 준다. 이 연구는 AI가 단순한 데이터 분석을 넘어, 사용자의 감정과 요구를 깊이 이해하고 이에 기반을 둔 혁신적 디자인 솔루션을 제공할 수 있음을 강조한다.

우리는 AI와 인간의 협력이 어떻게 더 나은 디자인을 만들어 낼 수 있을지 구체적으로 모색해야 한다. 특히 AI 기술을 디자인 프로세스에 어떻게 적용하고 활용해 사용자의 감정과 요구를 깊이 이해할 것인지, 이를 바탕으로 어떤 디자인 솔루션을 개발할 것인지가 중요하다. AI의 분석 능력과 인간의 창의성을 결합함으로써 더 나은 사용자 경험을 제공하는 디자인을 실현해야 한다. AI와 인간의 협력과 공존은 디자인의 새로운 가능성을 열어 주며, 이를 통해 더욱 효율적인 사용자 중심적 디자인을 구현할 수 있다.

AI 디자인 프로세스 적용 사례

액센츄어(Accenture)와 비엠더블유(BMW)는 협력해 북미 전역에서 생성형 AI를 사용해 의사 결정을 추진하고 생산성과 경험을 가속화하는 새로운 플랫폼을 만들었다. 생성형 AI는 대량의 데이터를 분석하고 패턴을 찾아내어 새로운 아이디어와 솔루션을 생성하는 기술이다. 기존 방식으로는 기업 데이터를 많은 사람들 간에 공유할 수 있는 지식으로 전환하려면, 각 소스 간 심층 전문

지식을 학습해야 했으며, 이 과정은 기업 구성원들이 수행하는 데 상당한 시간이 걸렸다. 그러나 생성적 AI의 도입으로 그 시간을 크게 단축하게 되었다. 북미 BMW(BMW North America)는 유연한 Gen AI 플랫폼인 EKHO(Enterprise Knowledge Harmonizer and Orchestrator)를 개발해 이러한 문제를 해결하고 있다. 예를 들어, BMW 고객이 자신이 원하는 차를 선택할 때에는 많은 정보가 필요하다. BMW는 페인트, 기술, 인테리어나 액세서리 등 약 1000만 가지 구성을 제공한다. 더욱이 일부 기능은 호환되지 않기 때문에, 과거에는 BMW 영업 사원이 매뉴얼을 참고해 여러 기능과 고객이 원하는 구성을 교차 확인하는 데 몇 시간을 소비했다. 그러나 EKHO 플랫폼 도입으로 이러한 과정이 몇 분으로 단축되었다. 이는 생성적 AI의 효율성을 보여 주는 좋은 사례다.

패션 리테일러 H&M은 2018년부터 빅데이터와 AI를 활용해 수익성을 향상하기 위한 전략을 시행했다. H&M은 글로벌 매장의 구매 내역, 매출, 고객 충성도 데이터를 수집하고 분석해 다양한 소비자의 기대와 국가별 패션 트렌드를 파악했다. 이를 통해 수요를 예측하고 국가나 지역별 맞춤형 재고 관리를 구현해 유통의 유연성을 확보했다. 또한 유럽에서는 자동화한 중앙 물류 창고로 90% 이상의 상품을 다음 날 배송할 수 있게 되면서 개별 매장의 재고 부담을 줄였다. 제품 수명주기가 짧은 패션 시장에서 전 세계적으로 많은 공급망을 관리해야 하는 H&M에는 빅데이터와 AI를 활용한 물류와 재고 관리가 트렌드 대응과 수익성 증대에 중요한 역할을 했다. 이러한 접근 방식은 H&M의 물류 운영을 더욱 효율적으로 만들었을 뿐만 아니라, 고객의 요구에 빠르게 대응할 수 있게 해 경쟁력을 강화했다.

자하하디드건축사무소(ZHA, Zaha Hadid Architects) 대표 패트릭 슈마허(Patrik Schumacher)는 프로젝트의 디자인 아이디어를 구상하기 위해 달리2(DALL · E 2), 미드저니(Midjourney)와 같은 AI 텍스트-이미지 생성기를 사용하고 있다. 슈마허는 최근 AI가 디자인에 미치는 영향에 대한 토론에서, 자하하디드건축사무소에서 이미지 생성 기술을 활용한 프로젝트를 설명했다.

그는 AI 텍스트-이미지 도구를 사용하는 것과 이전 방식을 비교하며 "나는 항상 디자인 회의에서 손으로 아이디어를 도출해 왔는데, 이제는 미드저니나 달리로 직접 아이디어를 얻을 수도 있고, 팀이 우리를 대신해 아이디어를 도출할 수도 있어 상당히 강력한 방식이라고 생각한다"고 말했다.

이케아(IKEA)도 생성형 AI인 챗GPT와 달리 등을 활용해 가구 디자인에 나섰다.

AI 툴의 빠른 속도와 놀라운 결과물은 낮은 가격으로 높은 품질의 제품을 제공하려는 이케아의 사업 전략과 일치한다.

이케아의 독립 R&D랩 '스페이스10'은 이케아의 미래 가구 디자인을 구상하기 위해 AI를 적극 활용하고 있다(디자인DB, 2023). AI는 카탈로그 사진에서 얻은 데이터로 가구 디자이너들이 무엇을 의도했는지 아이디어를 발견하고 1970년대와 1980년대의 이케아 가구 디자인 이미지를 기반으로 더욱 깔끔한 구조의 가구 디자인을 도출했다. 이는 AI가 이케아 가구 제품의 특징인 '작은 공간에서도 편안한' 디자인을 정확하게 파악한 것으로 해석된다.

스페이스10은 AI가 크리에이티비티(creativity)의 세계에 어떤 영향을 미칠 수 있는지 꾸준히 연구해 왔다. 프로젝트 중 하나로, 비디오저널리스트 조스 퐁(Joss Fong)과 아트디렉터 애런 필키(Áron Filkey)와 함께 AI 아트제너레이터(AI art generators)가 가구 디자인에 영감을 주는 방법을 평가했다. 스페이스10 측은 "빈티지

(vintage)에서 영감을 받아 탄생한 새로운 디자인과 과거의 가구 디자인 간의 독특한 협업"이라고 평가하며, AI를 통한 디자인 혁신 가능성을 강조했다.

그러나 AI를 활용한 가구 디자인에는 한계도 있다. AI는 주로 미적 측면에만 초점을 두기 때문에, 실제로는 사용할 수 없는 가구를 디자인하기도 한다. 예를 들어, AI가 디자인한 일부 의자는 구조적으로 불완전하거나 다리가 없기도 했다. 조스 퐁은 이 실험 후 "무엇을 만들 것인지 결정하기 위해서는 인간의 전문 지식이 필수"라며, "AI는 디자이너가 디자인의 초기 방향성을 설정하는 데 도움을 줄 수 있다"고 결론지었다.

물론 2024년 현재 AI 기술은 복잡한 데이터를 처리하고 패턴을 인식하는 데 뛰어나지만, 그럼에도 인간의 감정과 경험을 완전히 이해하고 반영하는 데는 한계가 있다. 예를 들어, AI는 사용자 인터페이스의 배치와 스타일을 최적화할 수 있지만, 사용자가 특정 인터페이스에서 느끼는 감정이나 만족도를 정확하게 판단하기 어렵다. 또한 AI는 창의적 문제 해결이나 문화적 맥락을 고려한 디자인에서 인간의 직관과 통찰을 대체하기 어렵다. 이는 AI와 인간의 협력이 필수임을 시사하며, AI 기술의 활용이 인간의 창의성을 대체하는 것이 아닌 보완하는 역할을 해야 한다는 점을 시사한다.

참고문헌

디자인DB(2023). "&M의 빅데이터와 인공지능을 활용한 수익성 강화 전략". Retrieved from https://www.designdb.com/?menuno=1434&bbsno=1600&siteno=15&act=view&ztag=rO0ABXQAOTxjYWxsIHR5cGU9ImJvYXJkIiBubz0iOTkzIiBza2luPSJwaG90b19iYnNfMjAxOSI%2BPC9jYWxsPg%3D%3D#gsc.tab=0.

Accenture(2023). BMW Puts Generative AI in the Driver's Seat. Retrieved from https://www.accenture.com/us-en/case-studies/automotive/bmw-puts-generative-ai-in-the-drivers-seat.

International Organization for Standardization(2010). ISO 9241-210:2010 - Ergonomics of human-system interaction -- Part 210: Human-centred design for interactive systems. NIST.

Lockwood, T.(2010). *Design Thinking: Integrating Innovation, Customer Experience, and Brand Value.* Allworth Press.

Norman, D. A., & Draper, S. W.(Eds.).(1986). *User centered system design: New perspectives on human-computer interaction.* Hillsdale, NJ: Lawrence Erlbaum Associates.

Norman, D. A.(2013). *The Design of Everyday Things.* Basic Books.

Raskin, J.(2000). *The Humane Interface: New Directions for Designing Interactive Systems.* Addison-Wesley.

Zhu, Q., & Luo, J.(2023). *Toward Artificial Empathy for Human-Centered Design: A Framework.* Springer.

03
제너레이티브 디자인

제너레이티브 디자인은 AI와 알고리즘을 활용해 디자인 프로세스를 자동화하고 혁신적 결과를 도출하는 방법을 말한다. 제너레이티브 디자인은 디자이너가 설정한 제약 조건과 목표를 기반으로 수많은 디자인 옵션을 생성한다. 이는 디자인 프로세스의 효율성을 높이고 창의적인 솔루션을 발견하는 데 중요한 역할을 한다.

AI와 난임 극복?

제너레이티브 디자인의 개념

프랑스의 기술 리서치 기관 파이퍼컨설팅(Pfeiffer Consulting)의 최근 설문 조사에 따르면, 크리에이티브 전문가의 74%가 창의적 작업에 할애할 시간의 50% 이상을 비창의적 작업에 사용하고 있다고 답했다. 이는 AI가 도울 수 있는 기회를 의미한다. AI와 머신러닝은 반복 작업에 소요되는 시간을 줄여, 창의적 측면에 더 많은 시간을 집중할 수 있게 한다.

제너레이티브 디자인(Generative Design)은 AI와 디자이너가 협업해 혁신적 디자인 솔루션을 도출하는 방법이다. 이 개념은 디자이너가 설정한 제약 조건과 목표를 기반으로 다수의 디자인 옵션을 자동으로 생성하고, 그중에서 최적의 솔루션을 선택하는 과정을 포함한다. 이는 디자이너의 창의성을 증진하고, 디자인 프로세스의 효율성을 극대화하는 데 기여한다.

산업디자이너 필립 스타르크(Philippe Starck, 1949~)는 제너레이티브 디자인의 잠재력을 일찍이 인식하고 이를 자신의 작업에 적용한 선구적 인물이다. 스타르크는 다양한 가구와 생활용품 디자인으로 창의성과 혁신성을 인정받은 세계적인 디자이너다. 형태와 기능의 조화를 추구하는 그의 디자인 철학은 제너레이티브 디자인과 밀접하게 연결된다. 2019년 스타르크는 밀라노에서 열린 살로네 델 모빌레(Salone del Mobile)에서 제너레이티브 디자인으로 제작된 AI 의자를 선보이며, 제너레이티브 디자인이 인간 창의력의 한계를 넘어 혁신을 가능하게 한다고 강조했다. 그는 "AI 의자는 인간 혁명이 더 이상 제공할 수 없는 위대한 자유, 위대한 혁명의 시작이다"라고 언급하며, 제너레이티브 디자인이 창의적 한계를 확장하는 도구임을 시사했다(Autodesk News, 2019).

제너레이티브 디자인의 주요 개념은 알고리즘 디자인, 자동화한 디자인 프로세스, 그리고 최적화로 요약된다. 알고리즘 디자인은 디자인 문제를 해결하기 위한 규칙과 절차를 정의하고, 자동화한 프로세스는 컴퓨터가 다양한 디자인 옵션을 생성하며, 최적화는 그중 가장 적합한 것을 선택하는 과정을 의미한다(Ramirez, 2022).

제너레이티브 디자인 응용 분야

제너레이티브 디자인은 다양한 분야에 응용한다. 공학 분야에서는 제품이나 부품의 경량화와 설계 안정화를 위해 AI 기술을 활용한다. 예를 들어, 공기역학적 부품이나 기계 부품의 무게를 줄이면서도 강도를 유지해 연료 효율성을 높이는 데 기여한다.

건축 설계에서는 알고리즘으로 생성된 독특한 조형적 특성을 가진 디자인으로 건축물의 미적 가치와 기능적 효율성을 추구할 수 있다.

산업 디자인에서는 제품의 미적 요소와 기능적 요소를 결합한 디자인을 생성하는 데 사용된다. AI 아티스트 마크 본라마(Mark VonRama)가 인스타그램에 공개한 나이키 스니커즈와 고급 의자를 결합한 가상의 디자인 작품이 대표 예다.

전통적 제품 디자인 과정은 소비자 조사, 개념 개발, 프로토타입 제작, 테스트와 피드백, 생산 준비, 양산과 수정, 리뉴얼 또는 신제품 개발의 단계를 거친다. 여기에 제너레이티브 디자인을 도입하면 AI 알고리즘을 활용해 수천 가지 디자인 옵션을 자동으로 생성하고 평가할 수 있다. 이는 개념 개발과 프로토타입 제작 단계에서 특히 효율적이며, 설계 주기를 단축하고 최적의 디자인을 신속하게 선택할 수 있게 한다. 또한 제조 가능성을 고려한 최적화된 디자인은 생산 준비와 양산 과정에서 시간과 비용을 절감하는 데 도움이 된다(Autodesk University, 2020).

제너레이티브 디자인에서 가장 주목되는 점은 알고리

즘으로 생성되는 디자인 결과물이 기존에 없었던 유기적이고 독특한 조형적 특성을 보인다는 점이다. 이러한 이유로 제너레이티브 디자인을 활용해 설계 목표의 달성뿐 아니라 창의적 조형을 접목하는 사례가 늘고 있다. 이는 공학 분야뿐만 아니라 유니크한 조형의 결과물을 개발하려는 디자인 분야 활용 가능성을 보여 준다(Red Shift by Autodesk, 2020).

제너레이티브 디자인 사례

에어버스(Airbus)와 오토데스크(Autodesk)의 협력은 제너레이티브 디자인의 효율성과 혁신성을 보여 주는 대표 사례다. 에어버스는 항공기 부품의 경량화와 효율성 향상을 목표로 A320 항공기 좌석의 격벽(bulkhead)을 재설계하기 위해 제너레이티브 디자인과 3D 프린팅 기술을 적용한 프로젝트를 수행했다. 이 프로젝트에서 제너레이티브 디자인은 컴퓨터 알고리즘을 활용해 다양한 설계 옵션을 자동으로 생성하고, 그중 가장 최적화된 설계를 선택했다. 이렇게 생성된 설계는 3D 프린팅 기술을 통해 실제 부품으로 제작되었다.

최종 설계된 격벽은 강도와 안정성을 유지하면서도 기존보다 45% 가벼워 연료 효율성을 향상시키고 탄소

배출량을 감소시키는 긍정적 결과를 도출했다. 또한 이 격벽은 3D 프린팅에 최적화된 스칼말로이(Scalmalloy)라는 특수 합금으로 제작되어, 기존 3D 프린팅 기술로는 구현할 수 없었던 복잡한 구조를 가능하게 했다.

오토데스크코리아의 김동현 대표는 “복잡한 설계와 막대한 제작 비용이 발생하는 항공우주 산업에서 오토데스크는 제너레이티브 디자인을 기반으로 부품 및 공장 설계, 제작 방식에 혁신을 일으키고 있다”고 말했다. 오토데스크와 에어버스의 협력 사례는 제너레이티브 디자인이 항공기 부품 설계에서 혁신적 결과를 도출할 수 있음을 명확히 보여 주었다(Autodesk University, 2019).

2019년 ‘밀라노 디자인 위크(Milan Design Week)’에서는 산업디자이너 필립 스타르크와 가구 브랜드 카르텔(Kartell)이 공동으로 제작한 AI 의자가 공개되었다. 스타르크는 제너레이티브 디자인 기술을 활용해 의자의 무게와 재료 등 특정 변수를 입력하고, 그에 따른 다양한 옵션을 AI에서 제공받아 최적의 형상을 도출했다(Autodesk News, 2019). 이 의자는 유기적인 라인을 갖춘 제너레이티브 폼(Generative Form)을 구현했을 뿐만 아니라, 사출 성형(injection molding) 제작 방식으로 대량 생산이 가능하게 설계되었다.

제너레이티브 디자인을 활용한 프로젝트에서 에어버스(Airbus), 오토데스크(Autodesk), 뉴욕의 디자인 스튜디오 더리빙(The Living), 그리고 독일의 에이피웍스(APWorks)는 서로 협력해 A320 항공기의 바이오닉 파티션을 개발했다. 이 파티션은 생물학적 알고리즘을 사용해 자연에서 영감을 얻은 효율적 구조로, 기존 파티션보다 45% 더 가벼운 설계를 제공한다.

이 과정에서 제너레이티브 디자인은 다음과 같은 방식으로 진행되었다. 거시적 스케일에서는 슬라임 곰팡이(Slime Mold)의 네트워크에서 아이디어를 얻어 알고리즘을 만들었다. 즉, 파티션을 설계할 때 최소한의 구조만을 사용하여 효율적이고 강한 구조를 만들어 내도록 한 것으로, 이 방식은 구조물이 안정성을 유지하면서도 자원과 에너지를 절약할 수 있게 도와준다.

미시적 스케일에서는 뼈의 성장 원리를 응용해 스트레스가 큰 부분에 더 밀집된 구조를 만들었다. 이 방법은 복잡한 하중과 6만6000개 이상의 미세 격자 바를 고려해 설계되었다. 소프트웨어 활용 측면에서는 오토데스크의 드림캐처(Dreamcatcher) 소프트웨어를 사용해 수만 개의 디자인을 시도하고 평가해 최적의 설계를 찾았다.

제너레이티브 디자인은 또한 도시 개발에서 보행자 이동, 교통 등을 고려한 최적의 도시 레이아웃을 설계하는 데 도움을 준다. 예를 들어, 미국의 슈거랜드(Sugar Land)는 인공지능 기능을 사용해 주민의 요구를 사전에 분석하고 해결해 도시가 추구하는 목표를 달성했다. 조사된 데이터에 따르면 주민들은 물속의 염소(Cl, Chlorine) 냄새를 논의하고 있었는데, 이를 통해 시의 공공사업부가 신속하게 대응해 문제를 해결했다.

제너레이티브 디자인은 혁신적이고 에너지 효율적인 건물 외관을 설계하는 데에도 중요한 역할을 한다. 건축가들은 다양한 환경 조건을 시뮬레이션해 에너지 소비를 줄이면서도 자연 채광과 환기를 극대화하는 외관을 설계할 수 있다. 예를 들어, 아부다비의 적응형 외관 디자인(알 바흐르 타워스, Al Bahr Towers)은 제너레이티브 디자인을 활용해 햇빛에 반응하는 역동적인 외관을 도출했다. 이 프로젝트는 고전적 이슬람 유물인 마슈라비야(Mashrabiya)를 모델로 했으며, 원형 타워가 자동화된 동적 태양광 스크린과 벌집에서 영감을 받은 구조로 설계되었다. 정면의 기하학적 패턴은 일사량과 눈부심을 줄여 건물의 에너지 효율성을 크게 향상한다(Red Shift by Autodesk, 2020). 적응형 외관(adaptive facade)으로 알려진 이 동적 건물 외피는 기후 상황의 변화에 따라 효율적으로 조정되어, 건물 내부의 쾌적함을 극대화하고 에너지 소비를 최소화하는 데 기여한다.

AI 기술로 다양한 산업에서 혁신적 디자인 솔루션을 제공하는 제너레이티브 디자인의 연구와 적용 범위는 지속적으로 발전하고 있으며, 앞으로 더욱 확대될 전망이다. 이러한 발전은 디자인 효율성과 창의성을 모두 극대화하고, 디자인 산업 전반에 큰 변화를 가져올 것으로 기대된다.

참고문헌

RED SHIFT by Autodesk(2020). 제너레이티브 디자인(Generative Design): 제조 산업의 미래 가능성을 재정립하다. Retrieved from https://redshift.autodesk.co.kr

Autodesk. "Generative Design at Airbus | Customer Stories." Autodesk. Available at: https://boards.autodesk.com/do-more-with-3d/items/generative-design-at-airbus-%7C-customer-stories-%7C-autodesk

Autodesk News, "Philippe Starck Partners With Intelligent Generative Design to Co-Create His Next Masterpiece for Kartell," Autodesk News, 2019. Available: https://adsknews.autodesk.com

Autodesk University. "The Airbus Generative Design Journey."

Autodesk University. Available at: https://www.autodesk.com/autodesk-university/blog/Airbus-Generative-Design-Journey-2020

Ramirez, J.(2022, September 2). What is Adobe Sensei? How Artificial Intelligence Helps Creators. Photoshop Training Channel. https://photoshoptrainingchannel.com/adobe-sensei-ai/

04
이미지 생성 디자인

이미지 생성 디자인은 AI 기술을 활용해 새로운 이미지를 생성하는 프로세스를 말한다. 최근 몇 년간 딥러닝 기술의 발전은 이미지 생성과 편집 영역에서 혁신적 변화를 가져왔다. 이 기술은 디자이너가 창의적이고 다양한 이미지를 자동으로 생성하고 수정할 수 있게 하며, 디자인 과정에서 시간과 비용을 절감하는 데 기여한다.

AI와 사주?

AI 기반 이미지 생성 디자인의 개념과 원리

불과 몇 년 전까지만 해도 AI가 개입하는 디자인 작업은 상상하기 힘들었지만, 이제는 AI가 디자인 프로세스에 다양하게 활용되고 있다. AI 이미지 생성 디자인은 AI 기술을 활용해 새로운 이미지를 자동으로 생성하는 프로세스를 말한다. 이는 디자이너가 창의적 아이디어를 시각적으로 구현하는 데 도움을 준다.

AI 이미지 생성 기술은 생성적 적대 신경망(GAN, Generative Adversarial Network), 변이형 오토인코더(VAE, Variational Autoencoder), 텍스트에서 이미지 생성(T2I, Text-to-Image) 등 다양한 기법을 활용하는데, 현실감 있는 이미지 생성, 데이터의 잠재 구조 학습, 텍스트를 기반으로 한 이미지 생성 등의 방식으로 작동한다.

구체적으로, GAN은 두 개의 신경망인 생성자(Generator)와 판별자(Discriminator)를 사용해 현실적 이미지를 생성하는 딥러닝 기술이다.

GAN은 두 개의 AI 모델이 경쟁하면서 이미지를 만들어 내는데, 하나는 이미지를 생성하고, 다른 하나는 그 이미지가 진짜인지 가짜인지 구별한다. 이것으로 점점 더 현실적 이미지를 만들어 낼 수 있다. 이 기술은 컴퓨터 과학자 이안 굿펠로(Ian Goodfellow)와 그의 동료들이 소개했고, 현재 AI 이미지 생성 디자인에서 널리 사용하는 방법 중 하나다(Foster, 2023).

VAE는 이미지 데이터를 효율적으로 압축해 잠재 공간(Latent Space)이라는 낮은 차원 공간으로 변환한 후, 이를 다시 원래 이미지로 복원하는 기술이다. 이 과정에서 새로운 이미지를 생성할 수 있는 가능성을 제공한다. 쉽게 말해, VAE는 이미지의 중요한 특징을 학습해 이를 바탕으로 새로운 이미지나 변형된 이미지를 만들어 낼 수 있는 모델이다(Rosebrock, 2017).

T2I 기술은 입력된 텍스트 설명을 바탕으로 이미지를 생성하는 기술이다. 대표적인 예로 오픈AI(OpenAI)의 달리(DALL · E)가 있으며, 사용자가 '푸른 하늘 아래 바다'와 같은 텍스트를 입력하면, 이를 바탕으로 해당 내용을 시각적으로 표현한 이미지를 생성한다. 이 기술은 예술적 창작에서 실용적 디자인 작업에 이르기까지 다양한 분야에서 활용될 수 있으며, 단순한 텍스트를 풍부한 시각적 콘텐츠로 변환하는 새로운 가능성을 제공한다(OpenAI, n.d.).

디자이너들은 이 기술 덕분에 짧은 시간 안에 더 많은 디자인 옵션을 탐색하고, 보다 창의적인 작업에 집중할 수 있다. AI는 디자이너의 상상력을 확장하고 새로운 가능성을 열어 주는 중요한 도구로 자리 잡고 있다.

디자인 프로세스에서 이미지 생성 기술

이미지 생성 기술은 디자인 프로세스의 여러 단계에서 활용된다.

오토데스크 제너레이티브 디자인(Autodesk Generative Design)은 AI를 사용해 엔지니어와 디자이너가 제품 디자인을 최적화하는 데 도움을 준다. 이 도구는 사용자가 설정한 제약 조건과 목표를 기반으로 수천 개의 디자인 옵션을 자동으로 생성하고 평가한다. 이를 통해 최적화된 디자인을 신속하게 도출하고, 성능과 제조 가능성을 고려한 최적의 해결책을 제시한다(Autodesk, n.d.).

어도비 익스피리언스 플랫폼(Adobe Experience Platform)에서 클라우드로 제공되는 센세이 GenAI는 포토숍(Photoshop)에서 이미지 생성과 편집 과정을 지원한다. 예를 들어, 내용 인식 채우기(Content-Aware Fill) 기능은 이미지에서 누락된 영역을 AI 알고리즘을 사용해 지능적으로 채워 준다. 이는 디자이너들이 더욱 정교하고 효율적 이미지 편집 작업을 수행할 수 있게 돕는다

(Adobe, n.d.).

오픈AI의 달리(DALL · E)는 텍스트 설명을 바탕으로 이미지를 생성하는 데 사용된다. 사용자가 제공한 설명에 따라 실제로 존재하지 않는 시각적 내용을 창조적으로 구현하며 다양한 디자인 아이디어를 제공한다.

스테이블 디퓨전(Stable Diffusion)은 스태빌리티 AI(Stability AI)에서 개발한 딥러닝 기반 텍스트 투 이미지(text-to-image) 모델로, 그림 인공지능 시대를 여는 데 중요한 역할을 한다. 이 모델은 특정한 스타일이나 속성을 가진 이미지를 생성하거나 수정할 수 있는 다양한 커스텀 작업을 지원하며, 창의적 표현의 가능성을 크게 확장하고 있다.

패션 업계도 AI를 이용한 트렌드 분석, 시장 데이터 분석, 소비자 행동 패턴 분석 등을 기반으로 한 패션 디자인 개선과 상품 개발을 하고 있다. IBM 왓슨(Watson)과 타미힐피거(Tommy Hilfiger)는 패션 디자인 프로세스에 인공지능을 접목하기 위해 협력했다. '리이메진 리테일(Reimagine Retail)' 프로젝트에서 타미힐피거 제품 이미지 1만 5000여 장과 런웨이 패션쇼 이미지 60만여 장, 패브릭 사이트에서 가져온 이미지 10만 장을 학습시켜, 새로운 프린트와 패턴, 스타일, 실루엣 등을 도출해 냈다(FashionN, n.d.).

이러한 기술들은 디자이너와 엔지니어들이 더욱 효율적이고 창의적인 제품 디자인을 수행할 수 있게 지원하며, 전통적 디자인 프로세스를 혁신하는 데 중요한 역할을 한다. 결과적으로, AI 기반 이미지 생성 기술은 디자인 프로세스를 혁신할 뿐만 아니라, 산업 전반에 걸쳐 새로운 가능성을 열어 준다. 앞으로 AI와 디자인의 결합은 더욱 긴밀해질 것이며, 이는 디자인 산업의 미래를 재정의하는 데 중요한 역할을 할 것으로 기대된다.

AI 기반 이미지 생성의 미래

AI 기술의 발전은 이미지 생성 디자인의 가능성을 크게 확장하고 있다. 예술적 창작에서 실시간 콘텐츠 생성에 이르기까지, AI는 디자이너들에게 더 많은 창의적 자유를 제공하며 사용자 맞춤형 경험을 구현하는 데 중요한 역할을 한다.

AI는 복잡한 패턴 인식과 데이터 분석 능력을 통해 기존에 없던 새로운 디자인 생성이 가능하게 하며, 예술과 디자인의 경계를 확장한다. AI가 예술 작품의 스타일을 분석하고 이를 기반으로 새로운 작품을 생성하는 것처럼, 디자이너들은 AI를 활용해 더욱 창의적 작업을 할 수 있다(Foster, 2023).

달리나 미드저니(MidJourney)를 다뤄보면 알 수 있듯이, AI는 텍스트 설명이나 기존의 이미지를 바탕으로 독창적 이미지를 생성하며 디자이너의 상상력을 확대한다. 또한 실시간으로 이미지를 생성하고 수정할 수 있는 능력을 갖추고 있기 때문에 특히 게임 디자인, 가상 현실, 증강 현실 등에서 큰 혁신을 가져올 수 있다.

마셜 매클루언(Marshall McLuhan)은 저서 『미디어의 이해』에서 "미디어는 인간의 확장"이라고 주장했다(McLuhan, 1964). 매클루언은 미디어를 인간의 감각과 능력을 확장하는 도구로 보았다. AI 역시 디자인, 창작, 데이터 분석 등 여러 분야에서 인간의 능력을 확장하고 있다. AI는 창의적 프로세스를 지원하고, 실시간으로 이미지를 생성해 디자이너의 상상력을 확대함으로써 새로운 형태의 미디어로 작용한다.

필자 또한 20년간 디자인과 브랜딩 실무를 해 오면서, 특히 최근에 AI 기술의 발전이 디자인과 브랜딩에 미치는 영향을 직접 체감하고 있다. 과거에는 수작업으로 진행하던 많은 작업들이 이제 AI로 자동화하고 있으며, 그 결과 작업의 효율성이 크게 향상했다. 예를 들어, 대형 브랜드 캠페인을 진행할 때, AI를 활용해 수천 가지 광고 시안을 자동으로 생성하고, 데이터를 분석해 가장 효과적인 디자인을 선택하는 과정은 불과 몇 년 전만 해도 상상하기 어려웠던 일이다. 이러한 AI 기술의 도입은 디자인의 질을 높이고, 브랜딩 전략을 더욱 정교하게 만드는 데 큰 도움이 된다(Wheeler, 2020).

스티브 잡스(Steve Jobs)는 1994년 ≪롤링스톤 매거진(Rolling Stone Magazine)≫과의 인터뷰에서 기술에 대한 자신의 철학을 밝혔다. 그는 기술을 단순히 도구로 보았으며, 그 도구가 어떻게 사용되느냐에 따라 결과가 달라진다고 말했다. 잡스는 "기술은 중요한 것이 아니다. 중요한 것은 그것을 사용하는 사람들이 그 기술을 어떻게 활용하고, 그 과정에서 얼마나 현명하게 행동하는가이다"라고 강조하며, 인간의 지혜와 본질적 선함이 기술의 진정한 가치를 결정한다고 주장했다(Steve Jobs, 1994). 이러한 맥락에서 AI 역시 단순한 도구일 뿐이며, 그것을 얼마나 창의적이고 유능하게 활용하느냐에 따라 그 진정한 가치가 결정된다.

실제로, AI가 전적으로 생성한 디자인은 경우에 따라 사람의 손길이 닿은 작업보다 완성도가 떨어지며, 때로는 비현실적이거나 실용적이지 않을 때도 있다. 현재 AI가 제공하는 옵션은 어디까지나 도구 역할을 하며, 최종 결정과 세부 조정은 여전히 인간 디자이너의 몫이다. 그럼에도 AI는 디자인과 브랜딩 분야에서 혁신적 변화를 일으키고 있으며, 앞으로도 그 역할과 중요성은 계속해서 커질 것으로 예상된다.

물론 AI의 자동화로 일부 디자이너의 일자리가 감소할 위험이 있고, AI가 창의적 작업을 대체하면서 창의성 저하가 발생할 가능성도 있다. 이러한 도전 과제를 인식하고 이를 해결하기 위한 노력이 병행될 때, AI는 진정한 혁신 도구가 될 수 있다.

이를 위해 기업과 교육기관은 디자이너들이 AI와 협업할 수 있는 새로운 기술과 역량을 개발하도록 지원해야 한다. AI를 활용한 디자인 툴 교육, 창의적 문제 해결 능력을 강화하는 프로그램, 그리고 인간과 AI가 협력해 더 나은 결과를 도출할 수 있는 프로젝트 경험 등의 제공이 필요하다. 또한 윤리적 디자인 실천과 AI 활용 가이드라인을 마련해 AI가 창의성을 증진하는 방향으로 사용되게 해야 한다(Lee, 2018).

정부 정책 차원에서도 이러한 변화에 적극적으로 대응해야 한다. 정부는 AI와 관련 교육과 재교육 프로그램을 지원해 디자이너들이 새로운 기술을 습득할 수 있게 도와야 한다. 또한 AI 기술이 디자인 산업에 미치는 영향을 연구하고, 그 결과를 바탕으로 정책을 수립해 일자리 감소와 같은 부작용을 최소화해야 한다. 예를 들어, 디자이너들의 직업 전환을 지원하는 프로그램을 마련하거나, AI 관련 윤리 기준을 법제화해 AI가 공정하고 책임감 있게 활용될 수 있게 해야 한다(Müller & Bostrom, 2020).

기업, 교육기관, 그리고 정부의 이러한 노력이 함께 이루어진다면, 다가올 디자인 산업에서 더 많은 가능성이 열릴 것으로 기대된다.

참고문헌

FashionN. (n.d.). AI 패션 디자인 활용 사례. Retrieved from https://www.fashionn.com/board/read_new.php?table=1004&number=23226&page=2&sel=&search=&sel_cat=

Adobe(n.d.). Adobe Sensei. Retrieved from https://business.adobe.com/kr/products/sensei/adobe-sensei.html

Foster, D.(2023). Generative Deep Learning: Teaching Machines to Paint, Write, Compose, and Play(2nd ed.). *O'Reilly Media.*

Jobs, S.(1994, February 16). *The Rolling Stone interview: Steve Jobs.* Rolling Stone. Retrieved from https://www.rollingstone.com/culture/culture-news/the-rolling-stone-interview-steve-jobs-91681/

Lee, K.-F.(2018). *AI Superpowers: China, Silicon Valley, and the New World Order.* Houghton Mifflin Harcourt.

McLuhan, M.(1964). *Understanding Media: The Extensions of Man.* McGraw-Hill.

Müller, V. C., & Bostrom, N.(Eds.)(2020). *Ethics of Artificial Intelligence and Robotics.* Cambridge University Press.

OpenAI. (n.d.). DALL-E 3. Retrieved from https://openai.com/index/dall-e-3/

Rosebrock, A.(2017). Deep Learning for Computer Vision with Python: Starter Bundle. *PyImageSearch.*

Schneier, B.(2015). *Data and Goliath: The Hidden Battles to Collect Your Data and Control Your World.* W. W. Norton & Company.

Wheeler, A.(2020). *Designing Brand Identity: An Essential Guide for the Whole Branding Team.* Wiley.

05
AI와 경험 디자인

AI 기술은 경험 디자인 분야에서 혁신적 변화를 가져오고 있다. 사용자 경험 디자인에서 AI의 활용은 사용자 선호도를 분석하고 예측하는 데 도움을 주며, 개인화한 서비스 제공과 사용자 인터페이스 개선에 기여한다. 이는 디자이너가 사용자 중심의 디자인을 구현하는 데 새로운 기회를 제공한다.

AI와 아이돌?

AI 기술과 사용자 경험 디자인

사용자 경험(UX, User eXperience) 디자인은 사용자가 제품, 서비스, 또는 시스템을 사용하거나 체험할 때 지각할 수 있는 조직적이고 상호작용적 모델을 창조하고 개발하는 디자인 분야다. 사용자 경험 디자인은 사용자 중심 디자인의 원리에 기반을 두고 있으며 인간공학, 인간-컴퓨터 상호작용, 정보 아키텍처, 휴먼 팩터스, 사용자 인터페이스 디자인, 사용성 공학(usability engineering)과 많은 공통 요소를 가지고 있다. 또한 심리학, 인류학, 컴퓨터 공학, 마케팅, 그래픽 디자인, 산업 디자인 등 여러 학문과 깊은 관련이 있는 다학제적 성격을 지닌다(위키백과, n.d.).

필자가 진행한 UX/UI(사용자 인터페이스) 디자인 수업에서 학생들의 인터랙션 실습 결과를 반영한 논문 "디지털 매체 활용 브랜딩 전략으로써의 UX/UI 디자인 방법론 연구"를 보면, 다양한 학문적 접근이 통합된 UX/UI 디자인의 실습 과정과 그 결과를 확인할 수 있다(박신희, 2022). 요약하면, 이 연구는 서비스 디자인의 디자인 싱킹(Design thinking) 프로세스와 더블 다이아몬드(Double Diamond) 모형을 활용해 사용자 경험을 개선하고, 브랜드 전략을 강화하는 방법론을 제시한다. 데스크 리서치와 사용자 경험 모델링(사용자 경험을 시각화하거나 예측하는 과정)을 결합했고, 이를 바탕으로 포지셔닝(Positioning), 시장 세분화(Segmentation), 타기팅(Targeting)을 기반으로 한 STP 전략을 수립해 실제 UX/UI 디자인 프로세스를 구체화했다.

최종적으로는 UI/GUI 프로토타이핑과 인터랙션 디자인으로 사용자와 브랜드 간 핵심 접점을 도출하고, 이를 실습 사례로 검증했다.

AI 기술의 발전은 현대 UX/UI 디자인 과정에서도 중요한 역할을 하고 있다. 과거에는 AI가 주로 반복 작업을 자동화하거나 번거로운 업무를 줄이는 데 활용되었으나, 이제는 복잡한 알고리즘과 머신러닝 기법으로 사용자의 행동 패턴을 심층 분석하고, 방대한 데이터를 기반으로 예측을 수행하는 등 사용자 경험 전체를 혁신적으로 개선하는 데 기여한다. 이러한 AI 기술의 발전은 사용자 경험 디자인 분야에 새로운 가능성을 열었다.

유저인터뷰(User Interviews)의 2024년 설문 조사에 따르면, UX 연구자의 55%가 이미 사용자 연구에 AI 도구를 사용하고 있다. 이는 2023년의 20%에 비해 극적인 증가다. 또한 실무에 AI를 통합할 계획이 없다고 답한 비율도 26%에서 12%로 감소한 것을 감안할 때, 시간이 지남에 따라 AI가 연구자들 사이에서 더 인기를 끌 것으로 예상된다(User Interviews, 2024).

사용자 경험 디자인에서 AI의 활용은 사용자 선호도를 분석하고 예측하는 데 도움을 주며, 개인화한 서비스 제공에 기여한다. 또한 사용자 경험을 시각적으로 표현하고 실현하는 과정인 사용자 인터페이스 디자인에서는 전 과정에 걸쳐 디자이너들의 반복 작업을 줄이고, 더 창의적 작업에 집중할 수 있게 지원한다. 이를 통해 사용자의 요구에 더욱 효과적으로 부응할 수 있다. 그렇기 때문에 디자이너들은 챗GPT(Chat GPT), 스테이블디퓨전(Stable Diffusion), 미드저니(Midjourney), 피그마xAI(Figma x AI) 등의 AI 툴 활용 학습은 물론 AI 시스템 설정, 프롬프트 입력, 이미지 생성, 출력물에 대한 평가와 지속 관리를 바탕으로 진행하는 시스템을 원활하게 이끌 수 있는 능력을 키워야 한다. 이는 디자이너가 변화하는 시대에 사용자 중심 디자인을 실천하는 데 중요한 요소가 될 것이다.

UX/UI 디자인 프로세스에서 AI의 역할

AI 활용 이전의 UX/UI 디자인 프로세스는 주로 사용자의 피드백을 기반으로 진행되었다. 전통적 방법에서는 반복적 프로토타이핑과 사용성 테스트를 통해 디자인 개선이 점진적으로 이루어졌다. 이 과정에서 사용자 설문 조사, 인터뷰, 사용성 테스트와 같은 정성적 연구 방법이 주로 활용되었으며, 수집된 데이터는 디자이너가 사용자의 요구와 불편 사항을 파악해 디자인을 개선하는 데 중요한 역할을 했다. 이러한 방법들은 사용자와의 직접 상호작용으로 유용한 인사이트를 제공하지만, 시간과 비용이 많이 소요되는 단점이 있었다(Luxton & Southour, 2016).

최근에는 AI 기반의 데이터 분석 도구들이 등장하면서 이 과정이 더욱 효율적으로 변화하고 있다.

구글 애널리틱스(Google Analytics), 믹스패널(Mixpanel), 어도비 애널리틱스(Adobe Analytics), 시그먼트(Segment)와 같은 AI 도구들은 사용자 행동을 분석하고, 개인화한 경험을 제공하는 데 활용된다. 이러한 도구들은 웹사이트, 모바일 애플리케이션, 음성인식 기술 등 다양한 플랫폼에서 사용자 상호작용을 최적화하는 데 기여하고 있다. 예를 들어, 넥플릭스(Netflix)는 믹스패널, 어도비 애널리틱스, 시그먼트와 같은 도구를 사용해 시청자 행동 데이터를 분석하고, 이를 바탕으로 개인화한 콘텐츠 추천을 제공함으로써 사용자 경험을 최적화하고 있다(ZoCo Design, 2024).

구글 옵티마이즈(Google Optimize)는 AI와 머신러닝 알고리즘을 사용해 A/B 테스트를 자동화했다. 이를 통해 마케팅 팀과 디자이너는 수동으로 데이터를 분석하거나 테스트를 설정하는 데 시간을 들이지 않고도 다양한 버전의 웹페이지를 쉽게 테스트할 수 있게 되었다.

자연어 처리(NLP, Natural Language Processing) 기술은 사용자의 언어를 이해하고 분석해 보다 직관적인 사용자 경험을 제공할 수 있게 한다. 이 기술은 텍스트와 음성 데이터를 처리해 의미를 분석하고, 이를 바탕으로 적절한 응답을 생성한다. 이는 챗봇, 가상 비서, 음성인식 시스템 등 다양한 응용 분야에서 사용되며 이를 통해 사용자와의 상호작용을 개선할 수 있다.

실제로 미국 조지아공과대학교(Georgia Institute of Technology) 컴퓨터과학부의 아쇽 고엘(Ashok Goel) 교수는 2016년부터 질 왓슨(Jill Watson)이라는 인공지능 시스템을 AI 조교로 활용하고 있다. 고엘 교수와 그의 연구팀은 온라인 과정에서 발생하는 수천 개의 학생 질문을 처리하기 위해 질을 개발했다. 이 챗봇은 IBM의 왓슨AI(Watson AI)를 기반으로 해 개발되었으며, 2016년부터 조지아 공대의 온라인 석사과정(OMSCS) 중 지식 기반 인공지능(KBAI) 과목에서 처음 사용되었다. 질은 학생들이 게시판에 올리는 질문들 중 반복적이고 일상적인 질문에 자동으로 응답할 수 있게 설계되었다. 이 AI 조교는 한 학기 동안 1만 개 이상의 학생 질문에 답하고 시험 기간을 안내하는 역할을 했는데, 워낙 언어 능력이 뛰어나 학생들조차 AI인지 몰랐다고 한다. AI 조교가 보조 업무를 맡으면서 인간 교수와 인간 조교는 학생들의 실제 교육에 더 전력을 기울일 수 있게 되었다(Georgia Institute of Technology, 2020).

사업적 측면에서도 자연어 처리 기술을 활용한 챗봇은 고객의 질문에 즉각 답변을 제공하고, 고객의 요구를 신속하게 처리해 고객 만족도를 높일 수 있다. AI는 고객의 행동 패턴과 니즈를 분석해 맞춤형 서비스를 제공할 수 있다.

UX/UI 디자인에서 데이터 프라이버시

머신러닝 기반 UX 디자인에서 AI는 방대한 사용자 데이터를 분석해 패턴을 발견하고, 개인화한 경험을 제공하는 데 중요한 역할을 한다. 넷플릭스와 아마존과 같은 기업들은 머신러닝 알고리즘을 활용해 시청 기록이나 구매 데이터를 분석해 개인 맞춤형 추천 시스템을 제공한다(ZoCo Design, 2024). 이러한 기술들은 사용자 요구를 정확히 파악하고, 실시간으로 인터페이스를 최적화해 사용자 경험을 개선한다.

어도비의 센세이AI(Sensei AI)는 디자이너가 작업할 때 필요한 레이아웃 구성 요소를 자동으로 배열하고 특정 스타일을 제안해 디자인 과정을 단축한다.

센세이AI는 웹페이지 디자인 시 자동으로 이미지 크기를 조정하고, 텍스트와 이미지의 배치를 최적화해 사용자가 쉽게 작업을 완료하게 돕는다. 또한 사용자 데이터를 분석해 개인 맞춤형 인터페이스를 제공해 UX/UI 디자인을 더욱 사용자 친화적으로 만든다.

그러나 이러한 AI 기술의 발전에는 데이터 프라이버시와 윤리 문제에 대한 신중한 고려가 필요하다. AI가 사용자 데이터를 분석하고 처리하는 과정에서 프라이버시를 침해할 위험이 존재한다. 기업들은 투명성을 유지하며, 사용자가 자신의 데이터가 어떻게 사용되고 있는지 명확히 알 수 있어야 한다. 데이터 수집 관련 윤리 기준을 엄격히 준수하는 것이 사용자 신뢰 유지에 필수다.

2018년 페이스북은 사용자의 개인 데이터를 무단으로 수집해 정치적 목적으로 사용한 케임브리지 애널리티카(Cambridge Analytica)와 관련된 스캔들로 큰 논란을 일으켰다.

2022년 미국 오리건주 검찰 총장은 구글(Google)에 배상금 약 4억 달러(한화 5268억 원)를 지불하라고 요구했다. 검찰은 "구글이 이용자가 위치 추적 기능을 해제했음에도 이용자 위치 정보를 불법으로 추적했다"고 말했다. 구글의 이용자 사생활을 보호하지 않은 것은 이번만이 아니다. 4년 전에도 구글은 개인 정보 보호 의무를 지키지 않아 적발된 바 있다.

이 사건은 데이터 사용과 프라이버시 문제의 중요성을 다시 한번 부각했다. 많은 사용자는 위치 추적 기능을 꺼 놓으면 더 이상 위치 데이터가 수집되지 않을 것이라고 믿고 있었지만, 구글은 다양한 경로로 여전히 위치 정보를 수집했다. 이는 사용자 신뢰를 심각하게 훼손했으며, 데이터 프라이버시 관련 윤리적 고려가 얼마나 중요한지를 보여 주는 사례로 남았다(Business Insider).

따라서 기술의 발전이 사용자에게 실질적 이익을 제공하는 만큼, 데이터 사용과 프라이버시 문제에는 신중한 고려가 필수다. 이러한 노력은 단순히 법적 요구 사항의 충족을 넘어, 사용자와의 신뢰 관계를 구축하고 지속 가능성을 확보하는 데 중요한 요소가 될 것이다.

참고문헌

박신희(2022). 디지털 매체 활용 브랜딩 전략으로써의 UX/UI 디자인 방법론 연구: UX/UI 교육사례 중심으로, ≪디지털콘텐츠학회논문지≫, 23(9), 1661-1671쪽. DOI: 10.9728/dcs.2022.23.9.1661.

위키백과(n.d.). 사용자 경험 디자인. 위키백과. Retrieved August 19, 2024, from https://ko.wikipedia.org/wiki/%EC%82%AC%EC%9A%A9%EC%9E%90_%EA%B2%BD%ED%97%98_%EB%94%94%EC%9E%90%EC%9D%B8

Canales, K.(2022, January 24). Google sued over location data violations by 4 state attorneys general. *Business Insider.* Retrieved August 19, 2024, from https://www.businessinsider.com/google-sued-location-data-violations-oregon-attorney-general-2022-1

Georgia Institute of Technology(2020). Jill Watson, an AI pioneer in education, turns 4. Research at *Georgia Tech.* Retrieved August 19, 2024, from https://report.research.gatech.edu/jill-watson-ai-pioneer-education-turns-4

Luxton, D., et al.(2016). *Artificial Intelligence in Behavioral and Mental Health Care.* Academic Press, 2016.

User Interviews(2024). "State of User Research 2024 Report," Available: User Interviews

Wendel, S.(2020). Designing for Behavior Change: Applying Psychology and Behavioral Economics. *O'Reilly Media.*

ZoCo Design(2024). "2024 State of User Research Report Recap: Thoughts on the key findings and insights," ZoCo Design,

Available: ZoCo Design

06
AI와 디자인 싱킹 프로세스

AI 기술의 발전은 디자인 싱킹 프로세스에 새로운 가능성을 열고 있다. 디자인 싱킹은 문제 해결과 혁신을 위한 접근 방법으로, AI는 이 과정에서 데이터 기반의 결정과 창의적 해결책 도출을 지원하는 도구로 작용한다. 이는 디자이너가 사용자 중심의 디자인을 더욱 효과적으로 구현할 수 있게 하며, 복잡한 문제에 새로운 시각과 접근 방식을 제공한다. 디자인의 목적에 따라 AI를 적절히 활용할 수 있는 역량이 필요하다.

AI와 야구?

디자인 싱킹 프로세스

UX/UI 디자인(User Experience/User Interface Design) 프로세스와 디자인 싱킹(Design Thinking) 프로세스는 각각 다른 목적과 접근 방식을 가지고 있다. 하지만 둘 다 사용자 중심의 문제 해결을 지향하고 있다. 특히 실무에서 두 접근 방식을 혼합해 사용하는 경우가 많아 두 개념을 비슷한 것으로 오해하는 경우가 있다.

UX/UI 디자인은 사용자가 웹사이트나 애플리케이션을 사용하는 경험을 최적화하는 데 집중하는 반면, 디자인 싱킹은 문제 해결과 혁신적 아이디어 창출에 중점을 둔다(Brown, 2009).

디자인 싱킹은 공감, 정의, 아이디어 발상, 프로토타입, 테스트의 단계를 거친다.

먼저 공감(empathize) 단계에서는 사용자와의 깊은 공감으로 그들의 필요와 문제를 이해한다. 예를 들어, 새로운 도시로 이사 온 사람들을 위해 디자인 프로젝트를 시작할 때, 디자이너는 이사 온 사람들을 인터뷰하고, 그들이 겪는 어려움과 걱정을 이해하려고 노력한다. 사용자의 감정과 경험을 파악하는 이 과정에서 사용할 수 있는 방법은 관찰, 인터뷰, 사용자 여정 지도 등을 그려 보는 것이다.

다음으로 공감 단계에서 수집한 정보를 바탕으로 문제를 명확히 정의한다. 앞의 예를 계속해서, 디자이너가 사람들이 새로운 도시에서 길을 찾는 부분을 어려워 한다는 점과 지역 정보가 부족하다는 것을 발견했다고 가정해 보자. 이 문제를 해결하기 위해, 디자이너는 "이사 온 사람들이 새로운 도시에서 길을 쉽게 찾고 지역 정보를 얻을 수 있게 돕는다"라는 문제 정의를 설정할 수 있다. 이 단계에서는 사용자가 겪는 어려움이라는 문제를 파악하고, 이를 해결하기 위한 명확한 목표를 세우는 부분이 중요하다.

다음의 아이디어 발상(ideate) 단계에서는 문제를 정의한 후, 가능한 모든 해결책을 자유롭게 생각한다. 브레인스토밍 등으로 "어떻게 하면 이사 온 사람들이 새로운 도시에서 길을 쉽게 찾을 수 있을까"라는 질문에 다양한 아이디어를 떠올려 볼 수 있다. 이와 관련해 모바일 앱, 지역 가이드북, 커뮤니티 이벤트 등을 생각해 볼 수 있다. 이 단계에서는 비판 없이 최대한 많은 아이디어를 도출하고 수용하는 것이 중요하다.

프로토타입(prototype) 단계에서는 아이디어 발상 단계에서 나온 아이디어 중 몇 가지를 선택해 시제품을 만든다. 예를 들어 디자이너는 "새로운 도시 가이드 앱"을 프로토타입으로 만들어 볼 수 있다. 이 앱의 간단한 버전을 제작하고, 기본 기능과 디자인을 구현한다. 이때 프로토타입은 종이나 디지털 도구를 사용해 만들 수 있으며, 사용자가 직접 경험하게 하는 것이 중요하다.

마지막 테스트(test) 단계에서는 프로토타입을 실제 사용자에게 테스트해 본다. 이사 온 사람들에게 새로운 도시 가이드 앱을 사용해 보게 하고 이들의 반응을 관찰하고, 사용자가 겪는 어려움이나 개선할 점을 파악한다. 테스트 결과를 바탕으로 프로토타입을 수정하고 반복 테스트하면서, 사용자의 피드백을 반영해 최종 제품을 완성해 나간다.

이때 이 과정에서 AI 기술을 접목하면 제품과 서비스의 개발 사이클을 단축할 수 있으며, 더 나은 사용자 경험을 제공할 수 있다(Saritepeci & Durak, 2024).

AI 기술의 디자인 싱킹 프로세스 적용 사례

IBM의 왓슨 헬스(Watson Health) 사업부의 '왓슨포온콜로지(Watson for Oncology)'는 암 진단과 치료를 돕는 인공지능 소프트웨어다. AI 기술을 활용해 의료 분야에서 혁신적 솔루션을 제공하는 대표 사례로, 디자인 싱킹의 각 단계를 잘 반영했다. 왓슨 헬스 팀은 의료 전문가들과 협력해 AI 기술을 어떻게 적용할지 여러 아이디어를 도출했다. 데이터 분석 알고리즘 개발, 자연어 처리 기술 적용, 실시간 모니터링 시스템 등 다양한 아이디어를 논의했고, 아이디어 발상 단계에서 도출된 해결책 중 가장 유망한 것들을 선택해 프로토타입을 개발했다.

왓슨포온콜로지의 초기 버전이 이 단계에서 만들어졌으며, 실제 의료 데이터를 활용해 테스트가 이루어졌다. 이 과정에서 발견된 문제점들은 즉시 수정되었고, 시스템 개선이 지속적으로 이루어졌으며, 개발된 프로토타입은 여러 의료기관에서 실제로 테스트되었다. 이를 통해 AI 기술이 의료 분야에서 어떻게 실질적 변화를 가져올 수 있는지 보여 주었다(Ferrucci et al., 2013).

구체적으로, 왓슨 헬스 팀은 초기 단계에서 의료진, 환자, 그리고 그 가족들의 필요와 요구를 깊이 이해하기 위해 인터뷰와 관찰로 공감 단계를 진행했다. 의료진이 겪는 진단의 어려움과 환자들이 마주하는 치료 과정의 고충을 파악해, AI 시스템이 해결해야 할 문제들을 도출해 냈다. 이 과정에서 특히 주목된 부분은 의료 데이터의 방대함과 복잡성이었다.

왓슨포온콜로지는 수많은 환자의 의료 기록, 유전자 정보, 최신 의학 연구 논문 등을 분석해 암 치료에 필요한 데이터를 수집한다. 이를 통해 왓슨 헬스는 환자의 개별 특성에 맞춘 맞춤형 치료 계획을 제시할 수 있게 된다. 이 과정에서 AI는 방대한 양의 데이터를 처리하고, 최신 연구 결과를 실시간으로 반영해 가장 적절한 치료 방법을 추천했다.

공감 단계에서 얻은 인사이트를 바탕으로 주요 문제를 정의했다. 여기에는 의료진이 신속하고 정확한 진단을 내리기 위한 데이터 분석의 필요성, 환자의 개인별 맞춤형 치료 계획 수립의 필요성 등이 포함되었다.

환자가 치료를 받는 동안 왓슨포온콜로지는 실시간으로 치료 효과를 모니터링하고, 필요에 따라 치료 계획을 조정한다. 예를 들어, 특정 약물에 대한 환자의 반응이 예상보다 좋지 않으면 AI는 대체 약물을 추천하거나 추가 검사를 권장할 수 있다. 이를 통해 치료 과정의 유연성과 효과성을 극대화할 수 있다. 의료진은 왓슨포온콜로지를 사용해 진단과 치료 계획 수립에 도움을 받았으며, 환자들의 치료 경과를 면밀히 관찰했다.

테스트 단계에서 수집된 피드백은 시스템의 최종 개선에 중요한 역할을 했다. 이를 통해 왓슨헬스는 의료진과 환자 모두에게 실질적 도움을 줄 수 있는 완성된 시스템을 구축하게 되었다. 왓슨 헬스는 AI 시스템의 지속 발전을 위해 주기적으로 업데이트를 하고 있다. 새로운 의료 연구 결과가 발표되면 이를 즉시 시스템에 반영해 최신 정보를 기반으로 환자들을 치료할 수 있게 하는 동시에 사용자 피드백을 반영해 인터페이스 개선, 데이터 처리 속도 향상 등의 작업도 꾸준히 이루어지고 있다.

왓슨포온콜로지는 전 세계 여러 의료기관에서 사용되고 있으며, 미국의 대형 종합병원뿐만 아니라 개발도상국의 작은 의료기관까지 각기 다른 의료 환경에서도 효과적으로 작동하고 있다(IBM Watson Health, n.d.).

이는 AI 기술이 단순히 데이터 분석을 넘어 실제 환자들의 삶을 개선하는 데 기여하고 있음을 보여 주는 중요한 사례다. 디자인 싱킹과 AI 기술의 결합이 다양한 산업 분야에서 얼마나 큰 잠재력을 발휘하고 있는지 잘 알 수 있다.

참고문헌

Brown, T.(2009). *Change by Design: How Design Thinking Transforms Organizations and Inspires Innovation.* New York, NY: Harper Business.

Ferrucci, D., et al.(2013). Watson: Beyond Jeopardy! Artificial Intelligence, pp.199-200, pp.93-105. https://doi.org/10.1016/j.artint.2012.06.009

IBM Research(2013). Watson: Beyond Jeopardy! Retrieved from https://research.ibm.com/publications/watson-beyond-jeopardy

IBM Watson Health. (n.d.). Watson for Oncology. Retrieved from https://www.ibm.com/watson-health/solutions/oncology

Saritepeci, M., & Durak, H. Y.(2024). *Effectiveness of artificial intelligence integration in design-based learning on design thinking mindset, creative and reflective thinking skills: An experimental study.* Education and Information Technologies. https://doi.org/10.1007/s10639-024-12829-2

07
AI와 소셜미디어 플랫폼

AI 기술은 소셜미디어 플랫폼에서 데이터 분석, 개인화한 콘텐츠 제공, 마케팅 전략 효율성 향상 등에서 중요한 역할을 하고 있다.
소셜미디어에서 방대한 데이터를 분석해 사용자 선호도와 트렌드를 반영한 맞춤형 인터페이스를 설계해 사용자 경험을 최적화하기도 한다. 이는 플랫폼의 경쟁력을 강화하고, 지속 가능한 성장을 이끄는 데 중요한 역할이다.

AI와 윤동주?

마케팅 전략의 효율성 향상

심리학과 사회학 분야에서는 인간이 본질적으로 지적 호기심을 지니고 있으며, 동시에 사회적 동물로서 공동체를 형성하고 생각을 교환하려는 욕구를 가진다고 설명한다(Mead, 1934). 이에 소셜미디어는 사용자가 스토리와 콘텐츠를 통해 상호작용하고 협력적으로 의사소통할 수 있는 플랫폼을 제공한다.

구글 애즈(Google Ads)는 AI를 통해 광고 캠페인을 자동으로 최적화하고, 정밀한 타기팅과 높은 ROI(투자수익률)를 달성하고 있다. 구글(Google)의 AI 알고리즘은 사용자의 검색 기록, 클릭 패턴, 인구통계 정보를 분석해 최적의 광고를 노출하며, 이에 따라 광고 효율성을 크게 향상한다. 또한 AI 기반 대화형 인터페이스와 자동생성 자산(ACA, Automatically Created Assets)의 도입으로 캠페인 설정이 간소화되었으며, 타기팅 정확도와 사용자 경험이 개선되었다. 성과 최대화 캠페인은 AI를 통해 전환율 13%에서 18%로 증가했으며, 생성형 AI는 검색과 쇼핑 광고를 사용자 검색어에 맞게 조정했다.

구글의 프로덕트스튜디오(Product Studio)는 텍스트-이미지 AI 모델을 사용해 독창적 제품 이미지를 생성해 상거래 성과를 극대화하고 있다(Google, 2023).

프로덕트스튜디오는 2023년 말 미국에서 머천트센터 넥스트(Merchant Center Next)와 쇼피파이(Shopify)의 구글 및 유튜브(YouTube) 채널 앱을 통해 제공되었으며, 판매자는 구글 플랫폼에서 손쉽게 이미지를 생성할 수 있다. 머천트센터 넥스트는 지난 2년 동안 사용자 기반이 두 배로 증가했으며, 구글은 이 플랫폼을 소규모 기업의 온라인 성장과 입지 강화를 위해 더 사용자 친화적으로 개선하고 있다. 주요 개선 사항으로는 제품 피드 설정 프로세스의 간소화가 있으며, 이를 통해 판매자는 제품 정보를 자동으로 가져와 더 빠르게 제품을 선보일 수 있다. 또한 판매자는 가장 많이 팔리는 상품을 검토하고, 경쟁사를 분석하며, 온라인과 오프라인 매장의 재고 관리를 통합적으로 수행할 수 있다.

한편, 코카콜라(Coca-Cola)는 AI 기술을 활용해 인플루언서 마케팅의 효율성을 높이고 있다. AI는 인플루언서의 게시물, 사용자 참여도, 팔로어 성장률을 실시간으로 모니터링해 브랜드 메시지를 효과적으로 전달할 수 있는 인플루언서를 식별한다. 이를 통해 코카콜라는 구매를 유도할 수 있는 인플루언서와 협력해 마케팅 효율성을 극대화하고, ROI를 향상하고 있다(Zhang, 2019). 이 전략은 마케팅 비용을 최적화하고, 브랜드 인지도를 효과적으로 확산하는 데 기여한다.

AI 기술과 소셜미디어 데이터 분석

메타(Meta, 구 Facebook)는 AI 기반 알고리즘을 활용해 사용자 피드에서 콘텐츠를 선별하고, 사용자가 선호할 가능성이 높은 콘텐츠를 우선 노출한다. 이 과정에서 딥러닝과 CNN(Convolutional Neural Network) 기술이 핵심 역할을 한다.

CNN 모델은 이미지넷(ImageNet)과 같은 대규모 데이터 세트에서 학습해, 사용자 행동 데이터를 분석하고 이를 바탕으로 맞춤형 콘텐츠를 제공한다. 넷플릭스(Netflix)나 유튜브의 추천 알고리즘도 유사한 방식으로 딥러닝 모델을 활용해 사용자 경험을 최적화한다. 또한 자연어 처리(NLP) 기술은 텍스트 데이터를 분석하고 감정 분석(Sentiment Analysis)을 통해 사용자가 특정 콘텐츠에 어떻게 반응하는지를 파악한다. 이를 바탕으로 사용자 참여도를 높이고, 전반적인 사용자 경험을 개선한다.

이러한 알고리즘적 접근은 사용자 맞춤형 경험을 제공해 플랫폼에 대한 사용자의 만족도와 참여율 향상에 기여한다.

소셜미디어 마케팅에서도 AI를 활용한 데이터 분석과 개인화한 추천 시스템은 중요한 역할을 한다. 이에 딥러닝 기술은 광고 타기팅, 이미지 분석, 그리고 인플루언서 마케팅 전략을 최적화하는 데 기여할 수 있다.

이와 같은 데이터 분석은 마케팅 전략에도 중요한 정보를 제공한다. 예를 들어, 감정 분석을 통해 특정 제품이나 브랜드에 대한 사용자 반응을 실시간으로 파악하고, 이를 바탕으로 마케팅 메시지를 수정하거나 새로운 콘텐츠 전략을 수립할 수 있다.

이미지 인식(Image recognition) 기술도 소셜미디어에서 중요한 역할을 한다.

인스타그램(Instagram)은 AI를 활용해 사용자가 업로드한 이미지를 분석하고, 그 사용자가 선호할 가능성이 높은 콘텐츠를 자동으로 추천하는 기능을 제공한다. 이 과정에서 AI는 이미지 내 시각 요소를 분석하고, 사용자가 어떤 유형의 콘텐츠에 더 많은 관심을 보이는지 파악해 사용자의 관심사와 취향에 맞는 콘텐츠를 제안한다. 이를 통해 사용자 참여도를 높이는 것은 물론, 사용자 선호도에 기반을 둔 디자인 개선도 가능해진다.

AI를 활용한 개인화한 콘텐츠 제공

과거 소셜미디어 플랫폼은 단순히 사용자가 정보를 공유하고 교류하는 공간에 불과했다. 당시에는 데이터 분석 기술이 제한적이었고, 사용자 경험도 플랫폼의 기본 기능에 주로 의존했다. 그러나 현대 소셜미디어 플랫폼은 사용자로부터 방대한 데이터를 생성하고 이를 효율적으로 처리해 분석하는 것이 핵심이다. 데이터 분석 기술의 발전은 소셜미디어를 단순한 커뮤니케이션 도구에서 강력한 마케팅 플랫폼으로 변화시켰고, 현대의 콘텐츠 소비자는 개인화한 경험을 기대한다.

이에 AI 기술은 소셜미디어 플랫폼에서 개인화한 콘텐츠를 제공하는 데 중요한 역할을 한다. 예를 들어, 넷플릭스는 사용자의 시청 기록을 분석해 개인 맞춤형 콘텐츠를 추천하는 알고리즘을 개발해 운영하고 있다(Netflix, 2024). 이 알고리즘은 사용자가 서비스에 액세스할 때마다 시청 패턴과 선호도를 학습해 사용자가 좋아할 만한 콘텐츠를 추천한다. 이러한 개인화한 추천 시스템은 사용자가 더 오랜 시간 플랫폼에 머무르게 하며, 서비스 만족도를 높인다.

유튜브도 AI 기반 기능을 활용해 크리에이터와 예술가들이 새로운 방식으로 콘텐츠를 제작할 수 있게 돕고 있다. 미국 시넷(CNET)은 2023년 유튜브가 제작용 인공지능 도구인 '쇼츠(Shorts)용 드림 스크린(Dream Screen)'과 틱톡(TikTok) 및 인스타그램 릴스(Instagram Reels)와 경쟁하는 숏폼 동영상 등 크리에이터 중심의 제품과 기능을 소개했다. 유튜브에 따르면 '드림 스크린' 기능은 프롬프트에 아이디어를 입력해 AI가 생성한 동영상 또는 이미지 배경을 만들 수 있다. 다음으로 유튜브가 소개한 기능 중 또 하나는 AI 더빙 기능인 어라우드(Aloud)다. 'Aloud'를 통해 사용자는 자신의 영상을 다양한 언어로 손쉽게 더빙할 수 있게 되었다(조선비즈, 2023). 이는 전 세계적으로 다양한 언어를 사용하는 사용자들과 더 효과적으로 소통할 수 있는 기회를 제공해 플랫폼 내 활동을 증가하고, 지속적인 참여를 유도하는 데 기여한다. 이 기능이 있기 이전에는 다양한 언어를 사용하는 시청자들에게 영상의 내용을 전달하기 위해서 자막만 활용할 수 있었다. 하지만 Aloud 기능을 사용하면 몇 분 만에 내 영상을 다른 나라 언어로 더빙 할 수 있다. 이러한 기능은 사용자의 플랫폼 내 활동을 증가하고, 지속 참여를 유도하는 데 기여한다.

이처럼 AI 기술은 소셜미디어 플랫폼에서 마케팅 전략의 효율성 향상, 데이터 분석, 개인화한 콘텐츠 제공

등 다양한 측면에서 핵심 역할을 한다. 더불어 소셜미디어의 상호작용성은 현대 스토리텔링을 활용한 마케팅 전략에서도 중요한 요소다.

이러한 플랫폼에서의 스토리텔링(스토리를 전달하는 과정이나 기술)은 참여와 경험을 '장소(예: 온라인 플랫폼), 인간(사용자), 미디어(콘텐츠)' 사이에서 발생하는 상호 관계적 활동으로 정의하며, 협동적 의사소통을 통해 맥락과 과정, 결과에 대한 통합적 특징을 내포한다(박신희, 2021).

기업들은 소셜미디어를 통해 소비자와의 직접적 소통을 강화하고, 스토리텔링을 활용해 브랜드 메시지를 효과적으로 전달한다. AI 기술의 발전은 이러한 마케팅 전략을 더욱 효율적으로 만든다.

참고문헌

박신희(2021). 트랜스미디어 스토리텔링을 통한 장소 만들기 연구: 앙리 르페브르의 [공간의 생산] 중심으로. 홍익대학교 대학원, 서울.

조선비즈(2023). AI, 미래의 성장 동력으로 주목. ≪조선비즈≫. https://biz.chosun.com/it-science/ict/2023/09/22/XRQ7EYQY5FBTLKHCZ6VQN7Q2RA/

Hines, K.(2023, May 23). Google Marketing Live 2023: New Generative AI Features for Google Ads, Performance Max, and Product Studio. Search Engine Journal. Retrieved from https://www.searchenginejournal.com/google-marketing-live-2023-preview/487539/

He, Xiangnan, et al. "Neural Collaborative Filtering." Proceedings of the 26th International Conference on World Wide Web, 2017. Neural Collaborative Filtering.

Krizhevsky, Alex, et al.(2017). "ImageNet Classification with Deep Convolutional Neural Networks." Communications of the ACM. ImageNet Classification with Deep Convolutional Neural Networks.

Mead, G. H.(1934). *Mind, Self, and Society: From the Standpoint of a Social Behaviorist* (C. W. Morris, Ed.). University of Chicago Press.

Netflix(2024). How Netflix's recommendations work. Retrieved August 14, 2024, from https://help.netflix.com/ko/node/100639?q=%EA%B0%9C%EC%9D%B8%ED%99%94%EB%90%9C%20%EC%BD%98%ED%85%90%EC%B8%A0%20%EC%A0%9C%EA%B3%B5

Zhang, S., et al.(2019) "Deep Learning Based Recommender System: A Survey and New Perspectives." ACM Computing Surveys (CSUR), Deep Learning Based Recommender System: A Survey and New Perspectives.

08
AI 시대의 디자인 '교수법'

AI 기술의 진보는 디자인 교육과 실무에 혁신을 가져오고 있다. 이에 따라 디자인 교수법은 전통적 방식을 넘어, 다학제적 융합과 창의적 문제 해결을 더욱 중시해야 한다. 이러한 변화는 학생들이 디지털 시대에 적응하고 창의적인 디자인을 개발하는 데 중요한 역할을 할 것이다. 특히 AI 도구의 활용은 학생들에게 실시간 피드백을 제공하고, 실습을 통해 문제 해결 능력을 향상시키는 데 기여할 것이다.

AI와 한의학?

AI 기술을 활용한 디자인 교육 혁신

가상 세계는 여가와 놀이의 개념을 넘어 정신적 공간이자 현실 세계와 연결된 경제적 가치 창출의 장으로 진화했다. 이제 사람들은 미디어를 통해 확장된 상호작용과 '관계' 및 '실천' 중심의 참여적이고 맥락적인 복합 경험을 누릴 수 있게 되었다(박신희, 2022).

교육 분야에서는 코로나19 팬데믹 이후 비대면 온라인 수업이 활성화하면서 3D 및 증강 현실(AR) 콘텐츠, 메타버스 개념이 도입된 '대학 가상 캠퍼스'가 등장했다. 기계와 인간이 협력해 문제를 해결하는 능력을 강화해야 할 필요성이 점점 높아지고 있으며, 이제 그 중심에는 AI 사고가 자리 잡고 있다. AI 사고력을 활용한 문제 해결 능력은 사람 간 소통 및 사람과 기계 간 소통, 협력(사람 간 협력 및 사람과 기계 간 협력), 창의적 사고, 비판적 사고, 배려와 같은 핵심 역량을 증진하는 데 기여한다(한선관 외, 2021).

AI 활용 교육은 AI 기술을 통해 실생활의 문제를 해결하는 역량을 길러주는 교육을 의미하며, 이 기술은 교과, 산업, 정책 등 다양한 분야에 광범위하게 적용된다(Apple Developer, 2019; Google Developers, 2019). AI 교육은 이해 교육, 소양 교육, 활용 교육을 포함하며,

단순한 이해와 활용을 넘어 통합적으로 다루는 것이 중요하다.

AI 도구와 기술은 개인화한 교육, 적응형 평가, 몰입형 학습 경험으로 교육을 혁신하고 교육자, 학생, 의사결정자를 지원할 수 있다. 이는, 교육의 효율성을 높이는 동시에 미래의 디자인 전문 인력을 양성하는 데 중요한 역할을 한다(Yee et al., 2021; Hwang et al., 2020). 이를 통해 학생들은 이론과 실무를 습득하는 것뿐만 아니라, 실제 상황에서 디자인 문제를 해결하는 능력을 강화하고 다양한 창의적 접근법을 실험할 기회를 얻게 된다(Gero & Maher, 2022). 예를 들어, AI를 활용한 디자인 도구와 시뮬레이션은 학생들이 현실에서 직면할 수 있는 복잡한 디자인 문제를 실험적으로 해결할 수 있는 환경을 제공한다.

오토데스크(Autodesk)의 제너레이티브 디자이(Generative Design) 도구는 재료, 제조 방법, 제약 조건 등을 입력하면 수백 가지 설계안을 자동으로 제시하며, 어도비(Adobe)의 센세이(Sensei)와 같은 AI 기반 디자인 도구는 색상 조정, 이미지 보정, 레이아웃 추천 등을 수행해 디자이너가 보다 창의적 작업에 집중할 수 있게 한다(Apple Developer, 2019; Unity, 2021). 또한 AI 기술을 활용한 가상 현실(VR)과 증강 현실(AR) 시뮬레이션은 학생들이 실제와 유사한 환경에서 디자인을 테스트하고 사용자 인터랙션을 실험할 수 있게 한다(Google Developers, 2019; Unity, 2021). 애플(Apple)의 증강 현실 키트(ARKit)와 구글(Google)의 증강 현실 코어(ARCore)를 활용한 교육 프로그램은 학생들이 제품의 3D 모델을 실제 환경에 배치하고, 다양한 시나리오에서의 작동을 시뮬레이션할 수 있게 지원한다(Apple Developer, 2019; Google Developers, 2019).

유니티(Unity)와 같은 플랫폼을 통하면 사용자의 행동을 예측하고 시뮬레이션할 수도 있다.

결과적으로, AI 기술은 디자인 교육의 여러 측면에서 혁신을 가져오고 있으며, 학생들이 더욱 창의적이고 실무적인 역량을 기를 수 있게 돕고 있다. AI 기술을 활용한 체계적인 디자인 교육으로 현대의 디지털 환경에서 경쟁력을 갖춘 디자이너로 성장할 수 있는 기반을 마련해야 한다.

AI 융합 디자인 교육의 필요성과 도전 과제

AI는 단순히 도구를 사용하는 기술이 아니다. 이를 다루는 데에는 데이터 분석, 알고리즘 이해, 시스템 설계 등 다방면의 지식이 필요하다(Gero & Maher, 2022). 따라서 학생들은 AI의 이론적 기초를 충분히 이해하고, 다양한 분야의 지식을 융합해 창의적인 솔루션을 도출할 수 있는 능력을 길러야 한다. 물론 AI 융합 디자인 교육에서 AI와 다른 학문의 영역을 어느 정도 결합할 것인지는 경우에 따라 달라지겠지만, 최소한 AI를 효과적으로 활용하기 위해서는 AI 툴을 익히고, 데이터를 해석하고 결과를 분석하며, 그 의미를 파악할 수 있는 능력은 갖추어야 한다(Yee et al., 2021). 이는 단순히 도구를 사용하는 능력을 넘어서는 것으로, 데이터의 진정한 가치를 식별하고 이를 기반으로 창의적 아이디어를 제시할 수 있는 능력이다(KERIS 한국교육학술정보원, 2024). AI 시대의 인재는 이러한 감식력(鑑識力)을 바탕으로 디자인과 기술의 융합을 이끌어 낼 수 있어야 한다.

디자인 교육은 단순히 기술 습득에 그치는 것이 아닌, 창의적 문제 해결 능력을 키우는 방향으로 나아가야 한다.

AI 기반의 디자인 교육은 많은 가능성을 가지고 있다. 이를 실현하기 위해서는 기술적, 교육적, 정책적 측면에서 다각적인 접근이 필요하다.

학생들이 최신 도구와 기술을 자유롭게 활용할 수 있

는 충분한 인프라 구축, 새로운 교육 방법과 기술의 충분한 이해와 숙련도에 기반을 둔 교수자의 역량 강화, 그리고 이러한 교육 혁신이 지속적으로 이루어지기 위한 정부의 지속 지원이 뒷받침될 때, 비로소 AI 시대에 걸맞은 교육 혁신이 실질적 효과를 거둘 수 있다.

학생들의 태도와 접근 방식 역시 중요하다. 변화하는 학습 환경 속에서 새로운 기술을 받아들이고 적극적으로 활용할 수 있게, 개방적인 자세와 학습 의지를 강화해야 한다. 교육자들은 AI 기술을 도입하는 과정에서 학생들의 창의성을 자극하고 동기를 부여할 수 있는 다양한 학습 활동과 실습을 마련해야 한다.

결국 AI 기반의 디자인 교육을 성공적으로 도입하려면, 기술적 인프라와 교수법 변화뿐만 아니라, 학생들의 학습 태도와 접근 방식까지도 고려한 총체적 접근이 필요하다. 이를 통해 학생들은 변화하는 시대에 맞춰 성장하고, 디자인 분야의 새로운 가능성을 탐구할 수 있다.

현대의 디자인 인재 양성 교육

현대의 디자인 교육은 창의적 문제 해결과 새로운 가치를 창출할 수 있는 창의 융합 인재의 양성을 지향해야 한다. 이를 위해 교육기관은 AI를 이해하고 효과적으로 활용할 수 있는 능력은 물론 소통과 협업, 사회와 문화적 맥락을 디자인에 반영할 수 있는 능력, 인간 경험에 대한 깊이 있는 이해와 다양한 배경지식을 바탕으로 디자인을 완성할 수 있는 능력, 그리고 디자인을 평가하고 결단할 수 있는 총체적 안목을 갖춘 인재를 양성하는 데 초점을 맞추어야 한다.

일부 교육기관에서는 실무형 인재, 특히 기존의 도구나 AI 관련 도구를 다루는 인재 양성에 중점을 두고 있다. 그러나 이러한 교육 방식은 단기적으로 실용적 성과를 거둘 수 있으나, 깊이 있는 배경지식과 창의적 문제 해결 능력을 갖춘 인재를 길러내는 데에는 한계가 있다.

다가올 미래에 디자이너는 다양한 배경지식과 감식력을 바탕으로 AI 기술을 활용해 혁신적인 디자인 솔루션을 도출할 수 있어야 한다. 이를 위해서는 우선, 디자인을 배우는 학생들에게 창의적 사고와 비판적 분석 능력을 강화하고, AI와 같은 최신 기술을 효과적으로 활용할 수 있는 교육 환경을 제공해야 한다.

또한 교육기관은 AI의 편향성을 최소화하고 교육 과정의 투명성을 위해 AI 기술의 발전에 따른 윤리적 고려 사항을 지속적으로 연구하고 반영해야 한다. 이러한 노력은 미래의 디자이너들이 기술적 도구를 효율적으로 사용할 뿐만 아니라, 사회적 책임을 다하는 디자인을 실천할 수 있도록 돕는 중요한 역할을 할 것이다.

필자의 경험에 비추어 볼 때, 디자인학은 인공지능 분야뿐만 아니라 브랜드, 심리학, 사회학, 인문학, 뇌인지과학, 인간공학, 철학 등 다양한 학문적 지식을 통합해 총체적이고 혁신적으로 접근해야 한다. 이를 통해 사용자, 더 나아가 인간을 위한 디자인에 깊이 있는 이해와 사회적 맥락을 고려한 문화적 통찰력을 배양할 수 있다.

결국 현대 디자인 교육의 핵심 과제는 AI와 인간적 역량의 조화로 창의적이고 혁신적인 디자인 인재를 양성하는 것이다. 이를 통해 학생들은 변화하는 디자인 환경에서 주도적 역할을 수행할 수 있는 능력을 갖추게 될 것이다.

참고문헌

박신희(2022). 메타버스 생태계를 위한 트랜스 브랜딩 전략 방법론: 트랜스미디어 스토리텔링을 활용한 사용자 경험 중심으로. ≪디지털콘텐츠학회논문지≫, 23(10), 2017-2025쪽.

한선관(2021). 『AI 사고를 위한 인공지능 교육』. 성안당. 216쪽.

KERIS 한국교육학술정보원(2024). 『생성형 AI를 활용한 교수학습 프레임워크 개발 연구』(RR 2024-01). 한국교육학술정보원.

Apple Developer(2019). ARKit. Retrieved from https://developer.apple.com/arkit/

Gero, J. S., & Maher, M. L.(2022). *Computational and Cognitive Models of Creative Design VI.* Springer.

Google Developers(2019). ARCore. Retrieved from https://developers.google.com/ar

Unity(2021). ML-Agents Toolkit. Retrieved from https://unity.com/products/ml-agents

Yee, J., et al.(2021). *Artificial Intelligence in Design.* Springer.

Hwang, J., et al.(2020). Advances in Artificial Intelligence in Design Education. *2024 Springer Nature Switzerland AG.* Part of Springer Nature.

09
AI와 사회적 디자인

AI 기술은 사회적 문제 해결에 혁신을 가져오고 있으며, 데이터 분석과 예측 모델링을 통해 공공 안전, 환경 관리, 교통 등 다양한 분야에서 효율성을 높이고 있다. 각 지역의 특성에 맞춘 AI 도입은 현안을 해결하고 미래를 대비하는 중요한 전략이 될 것이다. 이는 더욱 스마트한 도시, 청정한 환경, 그리고 안전한 사회를 만드는 데 기여할 것이다.

AI와 화장품?

AI 기술과 사회적 디자인의 융합

미디어 기술의 발달은 장소를 경험하는 인간의 감각과 인식을 지속적으로 넓히고, 인간의 사회적 이동성은 시간과 공간의 제약을 넘어 전 지구적으로 끊임없이 확장한다(박신희, 2021). AI 기술은 이러한 변화 속에서 사회적 디자인 문제를 혁신적으로 변화시키고 있다. AI는 데이터 분석과 예측 모델링으로 사회 문제를 정밀하게 파악하고, 최적의 해결 방안을 제시한다. 특히 공공 안전, 환경 관리, 사회 복지, 교통 등 다양한 분야에서 지자체의 효율성과 효과성을 크게 높여 사회 구성원들에게 더 나은 서비스를 제공하고, 도시의 지속 가능한 발전을 지원한다. 각 지자체는 지역 특성과 요구에 맞는 AI 기술을 도입해 현안을 해결하고, 미래를 대비해야 한다.

예를 들어, 뉴욕시는 AI를 활용해 범죄 데이터를 분석하고, 범죄 발생 가능성이 높은 지역을 예측해 경찰력을 효율적으로 배치하고 있다. 이러한 접근 방식은 범죄 예방에서 더 높은 정확도와 효과성을 제공하며, 범죄율 감소에 기여한다.

뉴욕경찰청(NYPD, The New York City Police Department)은 컴퓨터 분석 도구인 '컴스탯(CompStat)' 시스템과 인공지능을 결합해 실시간 범죄 데이터를 분석하고, 지역별로 범죄 발생 가능성을 예측한다. 이를 통해 경찰은 특정 지역의 순찰을 강화하고, 자원을 효율적으로 배치해 범죄 예방에 기여하고 있다. 다만, 이러한 예측 경찰 활동(Predictive Policing)에 대한 윤리적 논란도 존재한다. 일부에서는 AI가 편견을 내포할 수 있고, 특정 지역이나 인구 집단을 불공평하게 표적화할 위험이 있다고 지적한다. 그럼에도 뉴욕시를 포함한 여러 도시에서는 AI 기반 예측 경찰 활동이 범죄 예방에 실질적 성과를 내고 있다는 평가를 받고 있다(New York City Police Department, n.d.).

또한 AI는 에너지 소비 패턴을 분석하고 효율적인 에너지 사용을 지원해 에너지 비용 절감과 환경 보호에 기여할 수 있다.

예를 들어, 네덜란드 암스테르담은 스마트 그리드(Smart Grid)를 활용해 도시의 에너지 효율을 높이고 있다. 암스테르담 스마트시티(Amsterdam Smart City)는 시민과 민간 기업이 주도적으로 참여하는 개방형 플랫폼으로, 대표 프로젝트 중 하나는 시티젠(City-Zen)이다. 유럽연합은 이 프로젝트에 2600만 유로를 투자해 탄소를 배출하지 않는 청정 도시를 조성하려 했으며, 이 중 눈에 띄는 것이 '가상 발전소'다. 암스테르담의 뉴웨스트

(Nieuw West) 지역 주민들은 주택의 태양광 발전과 스마트 그리드 기술을 결합해 온라인 가상 발전소를 구축했다. 각 가정은 태양광 패널에서 전기를 생산하고, 남은 전기는 배터리나 지역 저장소에 보관한다. 이러한 시스템은 가정과 지역 전기 사업자가 스마트 그리드로 연결되어, 필요할 때 저장된 전기나 지역 전기 사업자로부터 전기를 공급받을 수 있게 한다(Siri, 2019).

AI 기술은 공공 보건 분야에서도 중요한 역할을 한다. 예를 들어, IBM의 AI 시스템은 2015년 서아프리카에서 에볼라 바이러스(Ebola Virus)의 확산 경로를 예측하고, 의료 자원을 효과적으로 배치해 감염 확산을 억제하는 중요한 도구가 되었다(IBM Research, 2020).

또한 AI는 빈곤 문제를 다각도로 분석하고 최적의 해결 방안을 도출하는 데에도 중요한 역할을 한다. AI 기반 데이터 분석은 빈곤의 다양한 측면을 이해하고, 보다 정교한 정책을 수립하는 데 도움을 준다. 이러한 접근 방식은 정부나 비영리단체가 자원을 보다 효과적으로 배분하고 정책을 수립하는 데 중요한 역할을 한다(Data for Good, n.d.).

이렇듯 AI 기술의 사회적 디자인 적용은 데이터 중심의 접근 방식이 사회 문제 해결에 어떻게 기여할 수 있는

지를 잘 보여 준다. 특히 디자인 프로세스에서 AI가 제공하는 데이터 분석과 예측 기능은 문제 해결의 효율성을 높이는 강력한 도구가 될 수 있다. 그러나 AI의 데이터 해석이 인간의 직관과 경험을 완전히 대체할 수는 없으며, 데이터의 해석과 활용에서 인간 중심의 접근이 필수다. 따라서 현재 AI가 제공하는 분석 결과는 참고자료로 활용하되, 디자인 단계와 최종 결정은 디자인 컨텍스트(design context)와 사용자의 요구를 충분히 반영해 신중하게 해야 한다.

AI 기술의 잠재력과 한계

AI 기술을 활용한 사회적 디자인 프로젝트는 스마트 시티 개발, 환경 문제 해결, 공공 보건 개선 프로젝트 등 다양한 분야에서 진행되고 있다. 스마트 시티 프로젝트는 AI 기반의 기술을 활용해 도시 생활의 질을 향상하고, 지속 가능한 도시 개발을 목표로 한다. 바르셀로나는 AI 기반의 교통 관리 시스템을 도입해 교통 혼잡을 줄이고, 대기 오염을 감소시키고 있다. 이 시스템은 실시간 교통 데이터를 분석해 최적의 경로를 제시하고, 신호등을 자동으로 조정해 교통 효율성을 높인다(Barcelona City Council, n.d.). 스마트 시티 기술은 도시 문제 해결의 새로운 패러다임을 제시하고 있으며, 다른 도시들도 이러한 접근 방식을 채택하고 있다.

구글의 AI 연구소는 비영리 단체 레인포레스트 커넥션(RFCx, Rainforest Connection)과 협력하여 텐서플로(TensorFlow) 기반 AI 시스템으로 숲에서 일어나는 불법 벌목 활동을 감시하고 있다. 구체적으로, 톱과 벌목 트럭 소리와 같은 의심스러운 소음을 실시간으로 감지해 클라우드로 전송한 뒤 분석한다. 이렇게 확보된 정보는 관리팀과 지역 사회에 경고로 전달되어, 불법 활동을 조기에 발견하고 산림 보호에 기여한다. 이러한 AI 기반 시스템은 브라질, 인도네시아, 카메룬 등 열대우림 지역에서 운영되며, 환경 보존과 불법 행위 방지에 중요한 도구로 활용되고 있다(World Economic Forum, 2018).

의료 산업에서도 AI 기술로 환자 교육과 참여가 크게 강화되었다. 특히 AI 기반 챗봇은 환자와 상호작용하며 필요한 정보와 지원을 제공하는 지능형 에이전트로 주목받고 있다. AI 챗봇은 자연어 처리(NLP) 알고리즘을 활용해 환자의 질문을 이해하고 정확한 답변을 제공해 환자 만족도와 참여도를 높인다. 그리고 복잡한 의료 개념을 쉽게 이해할 수 있는 형식으로 제공하며, 알림 기능으로 약물 복용, 증상 추적 등을 지원해 환자의 건강 관리를 돕는다. 마지막으로 알림 기능은 약물 복용, 증상 추적, 건강한 행동을 유도하고, 진행 상황 모니터링과 동기 부여 피드백을 제공한다. 이처럼 AI 기술과 사회적 디자인의 융합은 문제 해결의 새로운 방향을 제시한다. 다만, AI 기술은 특정 문제에 대한 최적의 해결책을 제공하기보다 다양한 가능성을 제시하는 도구로 인식되어야 한다. AI 기술과 사회적 디자인을 융합하는 과정에서 사용자 경험과 사회적 맥락을 반영해 최종 솔루션을 도출하는 디자이너의 역할이 중요하다.

AI와 사회 디자인의 미래

전통적으로도 사회 디자인은 인간 중심의 접근 방식을 중시해 왔지만, 과거에는 주로 커뮤니티와 직접 협력하는 방식으로 사회 문제를 해결해 왔다. 이러한 접근은 인간의 창의성과 공동체의 참여로 이루어졌으며, 기술적인 요소는 제한적으로 사용되었다.

AI와 사회 디자인의 결합은 미래 사회의 지속 가능한 개발 목표(SDGs) 달성에 중요한 역할을 할 것으로 예상된다. 여기서 'SDGs'는 'Sustainable Development Goals'의 약자로, 2015년 유엔 총회에서 채택된 17개의 목표로 구성되어 있으며, 2030년까지 국제 사회가 협력해 해결해야 할 글로벌 문제들을 다룬다.

예를 들어, AI 기반의 농업 기술은 기후 변화에 대응하여 농작물의 성장 상태를 실시간으로 모니터링하고, 날씨를 예측하고 해충 발생 패턴을 분석하며, 최적의 재배 조건을 제시함으로써 생산성을 높이는 데 기여한다. 또, 소규모 농가에 시장 정보와 작물 보험을 제공하여 의사 결정을 지원하고, 공급망 효율을 개선해 물류와 재고 관리를 최적화하며, 농산물의 추적 가능성을 강화한다. 이러한 기술의 성공적 도입을 위해서는 디지털 인프라 확충과 농부들을 위한 교육, 데이터 접근성 확보가 필수적이다(Gikunda, n.d). 또한, 핀토 코엘류(Pinto-Coelho)의 연구(2023)에서는 AI와 의료 영상 분석의 융합이 의료 분야의 변화를 이끈다고 설명한다. AI는 방대한 의료 영상 데이터를 처리하여 질병을 조기에 발견하고 맞춤형 치료를 지원하는데, 특히 딥러닝 알고리즘과 합성곱 신경망(CNN) 같은 기술이 방사선학, 병리학, 심장학 등 다양한 의료 분야에 적용되고 있다.

이 연구는 AI를 통해 종양 식별과 망막 질환 조기 발견 같은 작업이 신속하고 정확하게 이루어진다고 강조한다. 또, 이미지 분할 및 정량화 기술을 통해 종양과 혈관 같은 신체 구조를 명확히 구분하여 치료 계획을 최적화한다고 밝힌다. 수술 중 실시간 영상 안내와 같은 이미지 기반 치료에도 중요한 역할을 하며, 의료 서비스의 비용 절감과 환자 안전 향상에도 기여한다고 분석한다.

AI를 활용한 맞춤형 의료는 환자의 영상 데이터와 특성을 바탕으로 최적의 치료 방법을 제시하며, 이를 통해 치료 효과를 극대화하고 부작용을 최소화한다.

교육 부문에서 AI는 맞춤형 학습 경로를 제시하고, 피드백을 제공하며, 교사와 학생의 역할 변화를 촉진하고 있다. 특히, 지능형 튜터링 시스템(Intelligent Tutoring System)은 학생의 실시간 입력을 분석하여 적절한 과제를 제공하고 피드백을 주는 방식으로 학습 효과를 극대화한다. 그러나 AI 도입 과정에서 교사의 역할 변화에 대한 우려와 AI 사용의 사회적 · 윤리적 문제도 중요한 논의 대상으로 부각되고 있다(Zhai et al., 2021).

디자인 프로세스에서 AI와 사회 디자인의 결합은 기술적 혁신과 사회적 가치 창출을 동시에 추구하는 방향으로 발전하고 있다. AI 기술의 발전은 디자인 문제 해결을 위한 다양한 혁신적 도구와 방법을 제공하며, 디자이너는 이를 통해 사회적 가치를 창출할 수 있다. 그러나 기술적 혁신과 함께 사회적, 윤리적 고려도 필요하다.

글래드스톤AI(Gladstone AI)의 공동 설립자이자 최고 경영자(CEO)인 제러미 해리스(Jeremy Harris)는 CNN과의 인터뷰에서 “AI는 이미 경제적으로 혁신적 기술로 자리 잡았다. 그러나 AI가 재앙적 위험을 포함해 심각한 위협을 초래할 수 있다는 점도 간과해서는 안 된다. 그렇다고 AI 연구를 중단하는 것은 옳지 않다”고 밝혔다(Heath, 2024).

메타(Meta)는 광범위한 비디오, 오디오 및 이미지 콘텐츠에 ‘AI로 제작’이라는 라벨을 붙일 것을 발표했다. 그들은 현재의 라벨 정책이 ‘너무 좁다’고 인정하며, AI로 생성된 콘텐츠와 부적합하게 조작된 콘텐츠의 범위를 처리하기 위해 더욱 강력한 시스템이 필요하다고 설명했다. 라벨은 사용자가 콘텐츠를 게시할 때 자체 생성하거나, 사실 확인자의 조언에 따라 생성할 수 있으며, 메타가 AI로 제작된 콘텐츠의 보이지 않는 마커를 감지해 생성할 수도 있다. 메타는 “AI가 만들었든 사람이 만들었든, 유권자 간섭, 괴롭힘 및 폭력 선동에 관한 정책을 위반하면 콘텐츠를 삭제할 것이다”라고 강조했다(Heath, 2024).

유럽연합(EU)은 세계 최초로 AI 기술을 규제하는 법안인 ‘AI법(AI Act)’에 합의했다. 이는 AI 기술의 발전이 인간의 삶에 미치는 영향이 커지면서, 안전하고 투명한

AI 개발을 보장하기 위한 제도적 장치의 필요성이 부각한 결과다(법률신문, 2023). 이 법안의 핵심 내용은 AI의 위험 수준을 4단계로 분류하고, 투명성을 강화하는 동시에 규정을 어긴 기업에는 최대 3500만 유로 또는 전 세계 매출의 7%에 해당하는 벌금을 부과하는 것이다.

특히 EU AI법은 정치적 신념, 성적 지향, 인종 등 민감한 정보를 기준으로 사람을 분류하는 안면 인식 데이터베이스 구축을 위한 생체 정보 수집을 금지했다. 이는 AI 기술이 사람의 권리와 자유를 침해할 가능성을 방지하기 위해서다. 다만, 인신매매 피해자 수색, 테러 방지, 범죄 용의자 추적과 같은 국가 안보 목적의 실시간 안면 인식 기술은 예외로 허용된다.

이 법안은 오픈AI의 챗GPT와 구글 바드(Google Bard) 같은 대규모 언어 모델(LLM, Large Language Model)에도 적용된다. AI 개발 과정에서 사용한 데이터는 투명하게 공개되어야 하며, AI 생성 콘텐츠는 'AI 생성'이라는 표시를 명확히 해야 한다. 이는 AI의 투명성을 높여, 사용자와 사회가 AI의 결과물을 신뢰할 수 있게 하기 위한 조치다.

고위험 기술로 분류된 자율 주행 차나 의료 기기와 같은 AI 기술은 더욱 엄격한 규제를 받는다. 이 분야의 기업은 데이터를 공개하고 철저한 검증을 받아야 하며, 법규를 위반하면 높은 수준의 벌금이 부과된다. 이는 AI 기술이 인간의 안전과 직접 연결된 경우, 그 위험성을 최소화하기 위해 필요한 조치다.

이 법안은 유럽 의회와 회원국의 공식 승인을 거쳐 2026년 초에 시행할 예정이다. 승인 후 EU는 AI 규제를 담당할 국가와 범유럽 규제 기관을 설립할 계획이다. 이 법안은 안전하고 인간 중심의 AI 개발을 목표로 하며, 글로벌 AI 규제의 새로운 기준을 제시하는 의미가 있다.

따라서 EU AI법은 AI 기술의 발전 속에서 사회적 책임을 강조하며, AI의 투명성과 안전성을 보장하기 위한 중요한 제도적 장치로 평가된다.

결론적으로 디자인 프로세스에서 AI를 통합할 때는 기술의 잠재력을 최대한 활용하는 동시에, 사용자 중심의 접근과 사회적 책임을 반영해 지속 가능한 디자인 솔루션을 개발하는 데 초점을 두어야 한다. 이를 위해 AI를 활용한 사용자 데이터 분석과 참여에 기반을 둔 실제 사용자 니즈를 정확히 파악하고, 윤리적 AI 설계를 통해 알고리즘이 공정하고 편향되지 않게 해야 한다. 또한 AI 기반 디자인 솔루션의 사회적 영향을 평가해 기술이 사회 가치와 윤리 기준을 충족하는지 검증하고, 지속 가능한 자원 활용을 고려해 환경에 미치는 영향을 최소화해야 한다. AI 솔루션은 모두에게 공평하고 투명하게 접근 가능해야 한다. 이를 통해 다양한 사용자 그룹을 포용하고, 기술과 사회 책임이 조화를 이루는 디자인을 구현해야 한다.

참고문헌

박신희(2021). 트랜스미디어 스토리텔링을 통한 장소 만들기 연구: 앙리 르페브르의 [공간의 생산] 중심으로. 홍익대학교 대학원, 서울.

법률신문(2023.12.14). EU, 세계 첫 'AI 규제법' 합의… 한국식 AI 규제모델 마련해야. ≪법률신문≫. https://www.lawtimes.co.kr/news/194071?serial=194071

Barcelona City Council(n.d.). 바르셀로나 스마트 시티 프로젝트: 도시 계획에서의 AI. Retrieved from https://ajuntament.barcelona.cat/digital/en/smart-city

IBM Research(2020). 에볼라: AI를 통한 질병 확산 예측. Retrieved from https://www.ibm.com/blogs/research/2020/04/ai-ebola/

Gikunda, K.(n.d.). Harnessing Artificial Intelligence for Sustainable Agricultural Development in Africa: Opportunities, Challenges, and Impact. Dedan Kimathi University of Technology. Retrieved from https://ar5iv.labs.arxiv.org/html/2003.01521

Google Earth Outreach. (n.d.). 산림 보호를 위한 Google AI. Retrieved from https://earth.google.com/outreach/forest-watch/

Heath, R.(2024). Meta to broaden labeling of AI-made content. Retrieved from
Meta will label AI content to help prevent deepfakes on Facebook and Instagram(axios.com).

New York City Police Department(n.d.). 뉴욕시 범죄 분석 및 예측 경찰 배치. Retrieved from
https://www.nyc.gov/site/nypd/stats/crime-statistics/crime-statistics-landing.page

Pinto-Coelho, L.(2023). How Artificial Intelligence Is Shaping Medical Imaging Technology: A Survey of Innovations and Applications. Bioengineering, 10(12), 1435.
https://doi.org/10.3390/bioengineering10121435

Siri 웹진(2019). 암스테르담 스마트시티와 가상 발전소. Retrieved from
https://webzine.lxsiri.org/wp/2019/07/sub2007/

World Economic Forum(2018.3.26). These AI sensors could stop the illegal destruction of forests. Emerging Technologies. Retrieved from
https://www.weforum.org/agenda/2020/09/ai-sensors-can-stop-illegal-deforestation/

Zhai, X., et al.(2021). A review of Artificial Intelligence (AI) in education from 2010 to 2020. Complexity, 2021, e8812542.
https://doi.org/10.1155/2021/8812542

10
AI와 디자인의 미래

AI 기술의 발전은 디자인 분야에 획기적인 변화를 가져왔다. AI 디자인의 영향력은 앞으로 더욱 강해질 것이며, 기술적 발전은 디자인의 경계와 층위를 넓히고 높이는 동시에 새로운 창의적 접근 방식을 제시할 것이다.
디자이너들은 AI와의 협업으로 더욱 인간 중심적이고 지속 가능한 디자인을 구현하는 데 중요한 역할을 할 것이다.

종교와 AI?

디자인 혁신을 이끄는 AI

AI는 끊임없이 진화하는 디자인 환경에서 창의적, 혁신적 접근 방식을 새롭게 정의하며, 점차 중요한 역할을 확립해 가고 있다. 아키텍처부터 제품 디자인에 이르기까지, AI는 인간의 능력을 향상하고 프로세스를 간소화해 업계 전반에 혁신을 불러오고 있다(Debales, 2024).

디자인에서 AI의 활용은 기계 학습 알고리즘과 계산 기술을 창의적 프로세스에 통합하는 것을 의미한다. AI는 디자이너를 대체하는 것이 아니라 그들의 기술을 보완해 더 짧은 시간에 더 많은 것을 성취할 수 있게 한다(Gero & Maher, 2022). 예를 들어, AI는 방대한 데이터 세트와 패턴을 분석해 참신한 아이디어를 위한 인사이트(insight)를 제공한다. 이는 디자이너가 브레인스토밍을 하고, 대안적 디자인 요소를 제안하고, 틀에 얽매이지 않는 개념을 탐색하는 데 도움을 준다.

헬스케어(health care) 디자인에서 AI는 의료 전문가가 병원의 레이아웃을 최적화하고 환자 이동 경로를 효율적으로 설계하는 데 중요한 역할을 한다. 환자 데이터를 분석해 수요 패턴을 예측하고, 이를 통해 의료 자원의 배분을 최적화한다. 이를 통해 환자 대기 시간을 줄이고, 의료진의 이동 거리를 최소화해 전반적인 병원 운영 효율성을 높일 수 있다(McKinsey & Company, 2024).

자동차 제조업체에서는 AI를 활용해 충돌 테스트, 공기역학, 연료 효율성 등을 가상으로 시뮬레이션한다. 이러한 시뮬레이션은 수많은 테스트를 빠르고 비용 효율적으로 수행할 수 있게 해 제품 개발 주기를 단축하고 품질을 향상하는 데 기여한다. 결과적으로, 더욱 안전하고 연료 효율적인 차량을 개발하는 데 도움을 준다(Debales, 2024).

인테리어 디자인에서 AI 기반 도구는 방의 크기, 조명 조건, 사용자의 선호도를 분석해 최적의 가구 배치, 색상 조합, 장식 요소를 추천한다. 3D 시각화로 사용자는 가상의 공간을 사전에 경험할 수 있으며, 고객은 구현 전에 다양한 디자인 옵션을 시각적으로 비교하고 선택할 수 있어 만족도 높은 결과를 얻게 된다(Gero & Maher, 2022).

패션 디자인에서 AI는 소셜미디어, 런웨이 쇼, 그리고 과거 데이터를 분석해 패션 트렌드를 예측한다. 이를 통해 디자이너들은 소비자 선호도에 부합하는 컬렉션을 제작해 판매되지 않는 재고의 위험을 줄일 수 있다. 이처럼 AI는 산업 전반에 걸쳐 효율성을 높이고, 데이터 기반의 의사 결정을 가능하게 하며, 새로운 시장 기회를 창출하는 등 혁신 가능성을 열어 준다. 또한 특정 영역에서 자동화한 디자인 생성, 데이터 기반의 디자인 분석, 사용자 경험의 개인화 등을 통해 디자인 프로세스를 획기적으로 개선한다(Norman, 2013).

사용자 경험의 개인화를 가능하게 하며, 디자인 프로세스를 획기적으로 개선하기도 한다. 이러한 점으로 미루어 볼 때, AI는 장기적으로 디자인의 효율성을 높이고 새로운 창의적 가능성을 더욱 열어 줄 것으로 예상된다.

미래의 디자인 트렌드와 패러다임 변화

AI의 도입은 미래의 디자인 트렌드와 패러다임에도 큰 변화를 가져올 것이다. 과거의 디자인 트렌드는 주로 미적 요소와 기능적 측면에 초점을 두었고, 20세기 중반까지는 제품의 외형과 사용성에 중점을 두었다. 이는 산업디자인과 그래픽 디자인의 발전으로 구체화되었다. 당시 디자인은 예술과 공학의 경계에서 발전해 주로 개별 디자이너의 창의성과 직관에 의존했다.

21세기에 들어 데이터와 기술이 디자인에 통합되면서, 사용자 경험(UX)과 사용자 인터페이스(UI)가 디자인 트렌드의 중요한 요소로 부상했다.

매킨지앤드컴퍼니(McKinsey & Company)의 최근 설문 조사에 따르면, 2024년 초부터 생성형 AI(Generative AI)의 채택이 급격히 증가했으며, 이를 통해 상당한 가치가 창출되기 시작했다(McKinsey & Company, 2024). 이러한 변화는 미래의 디자인 트렌드가 더욱 데이터 중심적이고, 사용자 경험을 극대화하는 방향으로 발전할 것임을 시사한다.

AI와 협업하는 디자이너의 역할 변화와 모델

AI 기술의 발전은 디자이너의 작업 방식을 근본적으로 변화시키고 있으며, 이러한 변화는 디자이너의 역할에도 깊은 영향을 미치고 있다. 여기서는 최신 연구를 바탕으로 AI와 협업하는 디자이너의 역할 변화와 새로운 협업 모델을 고찰해 본다.

디자인은 오랜 시간 동안 인간의 창의성과 직관에 의존해 왔다. 그러나 최근 몇 년간 데이터 처리 능력과 알고리즘의 발전으로 AI가 디자인 프로세스의 다양한 단계에서 중요한 역할을 수행하기 시작했다. AI는 데이터 분석, 패턴 인식, 자동화한 디자인 생성으로 디자이너의 작업을 보조하고 있다(Debales, 2024).

AI와 협업하는 환경에서 디자이너의 역할은 세 가지 주요 측면에서 변화하고 있다. 첫째, 전통적으로 디자이너는 창의적 문제 해결사 역할을 수행해 왔다. AI는 데이터 기반의 통찰력을 제공해 디자이너가 더욱 창의적이고 혁신적인 솔루션을 도출하는 데 도움을 준다. 예를 들어, AI는 대량의 데이터를 분석해 디자인 트렌드를 예측하거나 사용자 선호도를 파악한다. 이러한 정보는 디자이너가 보다 효과적인 디자인을 결정하는 데 중요한 역할을 한다(Gero & Maher, 2022).

둘째, AI와의 협업은 디자이너가 팀 내 역할을 재정의하게 한다. AI 도구는 디자인 팀 간의 협업을 촉진하고, 원활한 커뮤니케이션을 가능하게 한다. 예를 들어, AI 기반의 디자인 플랫폼은 디자이너들이 실시간으로 아이디어를 공유하고 피드백을 주고받을 수 있는 환경을 제공한다. 이는 팀의 창의적 잠재력을 극대화하는 데 기여한다(Debales, 2024).

셋째, 반복적이고 시간 소모적인 작업은 AI로 자동화할 수 있다. 이는 디자이너가 보다 전략적이고 창의적인 작업에 집중할 수 있게 만든다. 예를 들어, 로고 디자인이나 레이아웃 구성과 같은 반복적 디자인 작업은 AI 알고리즘을 통해 자동으로 생성할 수 있다. 이를 통해 디자이너는 더 높은 수준의 디자인 작업에 전념할 수 있다(Gero & Maher, 2022).

AI와 협업하는 디자이너의 역할 변화와 새로운 협업 모델을 논의할 때, 특히 두 가지 핵심 요소가 중요하다. 첫째, 협력적 디자인 모델이 그것이다. 이 모델은 AI와 인간 디자이너 간 상호 보완적 관계를 중심으로 한다. AI는 데이터 처리와 분석에서 뛰어난 성능을 발휘하는데, 이는 대량의 데이터를 기반으로 디자인 트렌드를 예측하거나 사용자 선호를 파악하는 데 도움을 준다. 반면, 인간 디자이너는 창의적이고 직관적인 사고로 디자인의 질을 높이며, AI의 데이터 기반 인사이트를 바탕으로 더 혁신적이고 사용자 중심적인 디자인 솔루션을 창출할 수 있다(Debales, 2024).

둘째, 지속적인 교육과 학습이다. 디자이너는 AI 도구를 효과적으로 활용하기 위해 새로운 기술과 알고리즘의 이해를 지속적으로 증진해야 한다. 이러한 지속적인 학습은 AI와의 협업 능력을 강화하고, 디자이너가 AI의 데이터를 기반으로 보다 효과적인 디자인 결정을 내리는 데 중요한 역할을 한다.

결과적으로, AI와 협업하는 디자이너의 새로운 모델은 협력적 디자인 접근과 지속적인 학습으로 형성된다. 이는 디자인 산업의 혁신과 발전에 중요한 역할을 할 것이다.

한편 인공지능이 세상에 미친 영향은 크다. 인류 사회의 변혁을 넘어 인간 존엄성에 도전하고 새로운 윤리 쟁점까지 불러일으키고 있다. 과거에도 수많은 기술들이 이러한 문제를 제기해 왔으나, 인공지능만큼 인간의 본질에 근본 질문을 제기한 기술은 드물다. 인공지능은 단순한 도구를 넘어 인간의 역할과 정체성에 관한 깊이 있는 논의를 일으키고 있다.

AI 시대의 도래는 디자이너의 역할과 책임에 근본 변화를 요구하며, 이는 디지털 혁명의 핵심 요소로 작용하고 있다. AI와 디자인의 융합은 창의성과 기술의 경계를 확장하며, 디자인 산업의 미래 발전을 위한 새로운 모델을 제시하고 있다.

디자인 분야는 AI와의 협업으로 창의적 해결책을 모색하고 인간의 경험을 향상하는 방향으로 나아가고 있다. 이러한 변화는 디자이너에게 기술과 창의성의 경계를 허물고 더욱 인간 중심적 디자인을 창출할 수 있는 기회를 제공한다. 따라서 이러한 혁신적 가능성을 심화하기 위한 융합 연구와 지속적인 학습 방안이 필요하다. 이는 다양한 분야의 지식을 통합해 창의적 문제 해결을 촉진하고, 새로운 기술과 방법론을 지속적으로 습득해 디자이너의 역량을 강화하는 것을 포함한다. 이러한 접근은 AI와 디자인의 시너지 효과를 극대화하고, 디자인 산업의 미래 지향적 발전을 이끄는 데 중요한 역할을 할 것이다.

참고문헌

Debales, AI.(2024). Artificial Intelligence in Design: The Future of Creativity. Retrieved from Artificial Intelligence in Design: The Future of Creativity | LinkedIn

Gero, J. S., & Maher, M. L.(2022). *Computational and Cognitive Models of Creative Design VI.* Springer.

McKinsey & Company(2024). The state of AI in early 2024: Gen AI adoption spikes and starts to generate value.

Norman, D. A.(2013). *The Design of Everyday Things.* Basic Books.

박신희

용인대학교 미디어디자인과 초빙교수이자 경복대학교 시각디자인학과 겸임교수다. 홍익대학교 광고홍보과에서 브랜드매니지먼트를 전공으로 석사학위를 받았으며, 같은 대학원에서 시각디자인 전공으로 미술학 박사학위를 취득했다. 홍익대학교 미술디자인·공학연구소에서 선임연구원으로 근무했으며, (사)한국브랜드디자인학회 광고 홍보 부문의 상임이사이자 다수의 학회에서 논문 심사위원으로 활동하고 있다. 융합 디자인 연구소 '메타필리아' 대표로, 주요 연구 분야는 디자인, 브랜드, AI, 장소, 미디어다. 박사학위 논문은 "트랜스미디어 스토리텔링을 통한 장소 만들기 연구: 앙리 르페브르의 [공간의 생산] 중심으로"(2021)다.